MYSTERY

Penny Kendal

DER GEIST IM GARTENHAUS

17

Penny Kendal

DER GEIST IM GARTENHAUS

Aus dem Englischen
von Christine Gallus

RAVENSBURGER BUCHVERLAG

Deutsche Erstausgabe
als Ravensburger Taschenbuch
Band 52196
erschienen 2001

Die Originalausgabe erschien 1999
bei Andersen Press Limited
20 Vauxhall Bridge Road,
London SW1V 2 SA
unter dem Titel „The Weekend Ghost“

Umschlagillustration: Colin Sullivan

RTB-Reihenkonzeption:
Heinrich Paravicini, Jens Schmidt

Redaktion: Hjördis Fremgen

**Die Schreibweise entspricht den
Regeln der neuen Rechtschreibung.**

5 4 3 2 1 05 04 03 02 01

ISBN 3-473-52196-5

www.ravensburger.de

MYSTERY

Für Lizzy

1

Sara saß auf dem alten, wackligen Holztor und baumelte ungeduldig mit den Beinen. Angespannt lauschte sie auf jedes neue Geräusch in ihrer Umgebung. Die Herbstblätter raschelten im Wind und knisterten wie Chips in einer Plastiktüte. Ein paar Häuser weiter bellte ein Hund. Aus der Ferne drangen das Rattern eines Zuges und das gedämpfte Rauschen vorbeifahrender Autos. Nur das Geräusch, auf das sie so sehnsüchtig wartete, hörte sie nicht. Noch nicht.

„Komm schon!“, rief sie ungeduldig und trat mit den Absätzen gegen das Tor, als wollte sie ein träges Pferd antreiben. Sie lauschte erneut. Diesmal vernahm sie das Motorengeräusch eines Wagens, der eindeutig näher kam. „Das müssen sie sein!“, murmelte sie und drückte beschwörend beide Daumen. Mit zusammengekniffenen Augen spähte sie die Auffahrt entlang. Dummerweise konnte sie die Straße hinter der Hecke des Nachbarhauses nur noch verschwommen erkennen. Sie hatte vergessen, ihre Brille aufzusetzen.

Ob ich noch genug Zeit habe, um die Brille zu holen?,

fragte sie sich. Sie wollte die Ankunft auf gar keinen Fall verpassen. Doch was nützte ihr das, wenn sie kaum was erkennen konnte. Sie sprang hastig vom Gartentor herunter und flitzte zum Haus zurück.

Wo hab ich sie bloß hingelegt?, überlegte sie fieberhaft.

Sie wollte zuerst in der Küche nachsehen und atmete erleichtert auf, als sie die Brille auf dem Küchentisch entdeckte. Hastig streifte sie die Brillenbügel über die Ohren. Der Raum bekam sofort schärfere Konturen.

„Mum, ich glaube, sie kommen! Robert, sie sind da!“, rief sie nach oben und schon war sie wieder draußen.

Sie sah gerade noch, wie ein blauer Wagen am Haus vorbeifuhr und um die nächste Straßenecke bog.

„Mist!“, brummte sie. „Das waren sie gar nicht.“ Sie stand atemlos am Gartentor und starrte auf die leere Straße, als im Haus das Telefon klingelte.

Kurz darauf streckte ihre Mutter den Kopf durch den Türspalt nach draußen. „Sara, Martin hat gerade angerufen. Sie sind jetzt an einer Tankstelle. Anscheinend hatten sie ziemlich viel Verkehr. Er meinte, sie müssten so in zwanzig Minuten hier sein. Du kannst also ruhig noch mal reinkommen.“

Sara nickte und schlenderte zum Haus zurück. Zwanzig Minuten! Was sollte sie bloß so lange machen? Sie ging die Treppe hoch und trat in ihr Zimmer. Sie hatte es extra aufgeräumt und wollte es auf keinen Fall noch einmal durcheinander bringen. Unschlüssig setzte sie sich auf die Bettkante und betrachtete das Etagenbett, das zum ersten Mal bezogen war. Laura und Zoë würden heute Nacht darin schlafen – wenn sie dann endlich da wären – und Jake sollte zu Saras Bruder Robert ins Zimmer kommen.

„Laura, Zoë, Jake …“, wiederholte Sara und fragte sich zum hundertsten Mal, wie sie wohl sein mochten.

Laura, Zoë und Jake waren Martins Kinder. Saras Mutter Ruth hatte Martin letztes Jahr kennen gelernt und vor drei Monaten waren sie gemeinsam in das schöne alte Haus gezogen. Den Großteil ihres Lebens hatten sie bis zu diesem Zeitpunkt zu dritt verbracht: ihre Mum, ihr Bruder Robert und sie selbst. Ihr Vater war gestorben, als sie drei Jahre alt gewesen war, und Sara konnte sich überhaupt nicht mehr richtig an ihn erinnern.

Sara mochte Martin und hatte es kaum abwarten können, seine Kinder kennen zu lernen. Endlich kamen sie zu Besuch. Wenn alles gut ging, würde Martin sie von nun an jeden Samstag abholen und sonntags wieder zu ihrer Mutter zurückbringen. Dann wären sie an den Wochenenden eine siebenköpfige Familie und Sara mit ihren elf Jahren nicht mehr die Jüngste von allen. Die Vorstellung, eine große Familie zu haben, hatte ihr schon immer gefallen, auch wenn sie keine Ahnung hatte, was sie eigentlich erwartete.

Sie wusste so gut wie nichts über Martins Kinder. Laura war dreizehn, Zoë sieben und Jake fünf. Sie lebten mit ihrer Mutter in einer Stadt, die ungefähr zwei Autostunden entfernt war, und bis jetzt hatte Martin sie immer am Wochenende besucht und etwas mit ihnen unternommen. Martin hatte ihr erzählt, dass seine Kinder sehr unter der Trennung gelitten hätten. Deshalb wollte er sie erst dann zu seiner neuen Familie mitbringen, wenn sie sich an den Gedanken gewöhnt hatten.

Sara stand wieder auf und strich mit der Hand über die Bettdecke. Dann schlenderte sie langsam die Treppe hinunter und wanderte ruhelos zwischen Küche und Flur hin und her. Obwohl sie ständig auf die Uhr sah, schienen sich die Zeiger plötzlich kaum von der Stelle zu bewegen.

„Warum gehst du nicht nach oben und siehst nach, was Robert treibt?“, schlug ihre Mutter vor. „Wenn du hier noch länger auf und ab läufst, ist von unserem neuen Teppich bald nichts mehr übrig!“

Sara ging wieder nach oben und streckte den Kopf ins Zimmer ihres Bruders. Der Raum war nicht besonders groß und mit dem Gästeklappbett war es dort noch enger als sonst. In der Zimmerecke stand ein großer Schreibtisch mit Roberts Computer und einem halb fertigen Modellflugzeug. Von der Decke hingen einige vollendete Modellflugzeuge.

„Was willst du?“, knurrte Robert.

„Sie kommen erst in zwanzig Minuten … das heißt, inzwischen müsste ich wahrscheinlich sagen: in zehn“, sagte Sara.

Robert schien das nicht besonders zu interessieren. Er war dreizehn und alles andere als erfreut über die Aussicht, sein Zimmer mit einem Fünfjährigen teilen zu müssen. Ihr Bruder zog sich gern zurück. Früher hatte er immer stundenlang in seinem Zimmer gesessen und an seinen Modellflugzeugen herumgebastelt. Inzwischen saß er die meiste Zeit an seinem neuen Computer.

„Wenn das alles ist, was du mir sagen wolltest, dann

kannst du dich jetzt wieder verziehen. Ich bin beschäftigt", erklärte Robert, ohne aufzusehen.

Sara ließ ihn in Ruhe. Hoffentlich waren Martins Kinder umgänglicher. Mit Robert als Bruder fühlte sie sich manchmal wie ein Einzelkind.

„Sie kommen!", rief Saras Mutter von unten. „Hat wohl doch nicht mehr so lange gedauert, wie sie gedacht haben."

Sara sauste die Treppe hinunter und lief nach draußen. Sie kam gerade noch rechtzeitig am Gartentor an, als der Wagen in der Auffahrt hielt. Kaum öffneten sich die Wagentüren, verwandelte sich Saras vorherige Ungeduld schlagartig in Schüchternheit. Sie hüpfte nervös von einem Bein auf das andere und wartete gespannt.

„Hi, Sara!", rief Martin fröhlich. Sein Kopf verschwand im Heck des Wagens. Sie hörte, wie er mit den Kindern im Wageninneren sprach.

„Na los, worauf wartet ihr noch? Sara kann es komischerweise kaum abwarten, euch kennen zu lernen!"

Endlich stiegen sie aus. Sara und die drei Kinder musterten sich neugierig. Laura war viel größer als erwartet. Zoë war hübsch und der kleine Jake hatte den Daumen im Mund und hielt einen Teddy im Arm.

„So", sagte Martin und reichte Laura zwei Taschen. Den Rest klemmte er sich selbst unter den Arm. „Laura, Zoë, Jake – das ist Sara. Am besten gehen wir erst mal rein und begrüßen Ruth und Robert."

Sara lächelte, aber nur Laura erwiderte ihr Lächeln. Zoë machte große Augen und starrte auf das Haus und Jake fixierte seinen Teddy.

„Herzlich willkommen!“, begrüßte sie Ruth an der Tür. „Kommt doch rein. Sara, wie wär’s, wenn du Laura und Zoë dein Zimmer zeigst, damit sie ihre Sachen dort abstellen können, und ich gehe mit Jake zu Robert. Tut mir Leid, dass wir euch keine eigenen Zimmer geben können, aber dann müssten wir wirklich ein riesiges Haus haben! Dafür werdet ihr euch so viel schneller kennen lernen. Na los, kommt schon.“

Im ersten Stock öffnete Sara langsam ihre Zimmertür und zeigte Laura und Zoë, wo sie schlafen würden. Hoffentlich gefiel es ihnen.

„Das hier ist mein Bett“, erklärte sie und deutete in die Zimmerecke. „Und die hier sind für euch.“

„Hey, ein Etagenbett!“, rief Zoë begeistert und kletterte sofort nach oben. Ihre Finger strichen über den knorrigen Holzbalken an der Zimmerdecke.

Sara lächelte.

„Glaub bloß nicht, dass du oben schlafen darfst!“, erklärte Laura ihrer Schwester schroff. „Wenn ich unter dir schlafe, krieg ich womöglich noch eine Dusche, wenn du ins Bett machst.“

Zoë zog eine Schnute und wurde rot. „Ich mach ja gar nicht ins Bett!“, widersprach sie.

„Und ob du das tust, lüg doch nicht!“, erwiderte Laura. Sie verdrehte die Augen. „Achte einfach nicht auf sie“, erklärte sie an Sara gewandt.

„Ich hasse dich! Du bist gemein!“, rief Zoë und schleuderte Laura ein Kissen an den Kopf.

„Hey, streitet euch doch nicht“, bat Sara. „Wie wär’s, wenn ich euch jetzt meinen Bruder Robert vorstelle, und dann zeig ich euch das Haus. Und den Garten. Der Garten wird euch bestimmt gefallen. Er ist riesig. Komm schon, Zoë.“

Sie streckte die Hand aus und half dem kleinen Mädchen, vom Bett herunterzuklettern.

Roberts Zimmertür stand offen. Die drei blieben zögernd im Türrahmen stehen und blickten neugierig hinein. Saras Bruder saß mit düsterer Miene auf seinem Bett und Jake kauerte – nach wie vor mit Teddy im Arm und Daumen im Mund – auf dem Klappbett.

„Alles in Ordnung?“, erkundigte sich Sara.

„Bleibt bloß draußen“, sagte Robert zu den Mädchen abweisend. „Hier drin ist es schon voll genug.“

Sara schwieg verlegen. Sie hatte keine Ahnung, was sie tun oder sagen sollte. Und auf Roberts Hilfe konnte sie lange warten, das war nicht zu übersehen.

„Hast du den Computer schon lange?“, fragte Laura mit einem Anflug von Neid in der Stimme. „Du hast’s gut – so einen hätte ich auch gerne. Aber Mum sagt, das können wir uns nicht leisten. Hat den etwa mein Dad für dich gekauft? Wenn ja, dann wäre das nicht fair. Ich bin schließlich seine Tochter.“

Sie blickte Robert herausfordernd an, doch der hielt den Blick gesenkt und schwieg.

„Keine Sorge, der ist nicht von Martin“, antwortete Sara an seiner Stelle. „Als meine Mutter im Büro einen neuen Computer bekommen hat, hat die Firma ihr den alten günstig verkauft.“

„Ach so“, sagte Laura. „Da habt ihr aber Glück gehabt.“ Ihr Blick glitt über Roberts Modellflugzeuge. „Die Flugzeuge sind ja cool! Hast du die etwa alle selbst gemacht?“

Sara blickte Laura verwundert an. Sie hätte nie gedacht, dass sie sich ausgerechnet für Roberts Flugzeuge begeistern würde. Ihr Bruder schien nicht weniger überrascht. Er blickte auf und Sara sah, wie er vor Stolz leicht errötete.

„Ja“, antwortete er. „Warum? Sag bloß, du interessierst dich für Flugzeuge?“

„Das nicht direkt“, gestand Laura. „Aber dafür braucht man bestimmt wahnsinnig viel Geduld. Das könnte ich nie.“ Sie streckte die Hand aus, um sich eines der Modelle näher anzusehen.

„Nicht anfassen!“, rief Jake unvermittelt. „Robert bringt jeden um, der sie anfasst – das hat er mir gerade selbst gesagt.“

Laura zog rasch die Hand zurück und Sara warf ihrem Bruder einen wütenden Blick zu. Sie konnte ja verstehen, dass Jake die Finger von den Flugzeugen lassen sollte, aber ihm gleich in den ersten fünf Minuten damit zu drohen, ihn umzubringen, war doch ein bisschen übertrieben. Immerhin war er erst fünf.

„Kommst du mit runter, Robert? Wir können ihnen ja

mal den Garten zeigen", versuchte Sara etwas nervös das Thema zu wechseln.

Sie warf Zoë und Laura einen aufmunternden Blick zu. Die beiden machten ziemlich betretene Gesichter. So hatte sich Sara ihre erste Begegnung nun wirklich nicht vorgestellt. Sie wollte, dass sie Spaß miteinander hatten. Aber davon konnte im Moment keine Rede sein.

„Dann wollen wir mal", erklärte Sara betont fröhlich und wandte sich zur Treppe um. Die Dielenbretter hinter ihr knarrten. Sie atmete erleichtert auf. Die anderen folgten ihr also.

Es tat gut, an die frische Oktoberluft zu kommen, und draußen im Garten entspannten sich alle etwas. Der Garten schien Martins Kindern tatsächlich zu gefallen und das war ja immerhin schon etwas. Der kleine Jake vergaß seine bisherige Zurückhaltung und rannte übermütig den Blättern hinterher, die der Wind vor sich herfegte. Zoë gesellte sich zu ihm und die beiden jagten lachend über den Rasen.

„So groß ist der Garten ja gar nicht", bemerkte Laura.

„Das hier ist ja auch noch nicht alles", entgegnete Robert. „Die Bäume da drüben gehören auch noch dazu. Da ist ein richtiger Obstgarten, hauptsächlich mit Apfelbäumen. Und dahinter kommt noch ein Rasenstück und ein kleines Gartenhaus. Das Grundstück ist ziemlich lang – es ist größer, als es aussieht."

Als sie zwischen den Obstbäumen hindurchschlenderten, bückte sich Laura und hob einen Apfel auf.

„Kann ich einen essen?"

„Das sind eigentlich fast alles Kochäpfel", erklärte Sara.

„Mum backt meistens ganz leckeren Apfelkuchen daraus. Morgen gibt's bestimmt auch einen. Wenn ihr wollt, könnt ihr ja welche mit nach Hause nehmen. Wir haben massenhaft davon."

„Ehrlich gesagt glaube ich nicht, dass meine Mutter Äpfel aus *eurem* Garten haben will", erwiderte Laura und trat mit dem Fuß gegen einen wurmstichigen Apfel.

Sara hätte sich am liebsten die Zunge abgebissen. Kaum entspannte sich die Situation etwas, vermasselte sie gleich wieder alles.

„Hey, das ist ja toll!", hörten sie Zoë irgendwo hinter den Bäumen rufen.

„Sie hat bestimmt das Gartenhaus entdeckt", meinte Robert. „Los, kommt." Er ging voraus und Laura stapfte hinter ihm her. Dabei zertrat sie mit jedem Schritt einen Apfel. Sara folgte ihr, versuchte aber, so wenig Äpfel wie möglich zu zertreten.

„Da ist ein Eichhörnchen!", rief Jake und deutete aufgeregt auf einen Baum. Der Baum stand am Rand des Obstgartens und war der größte und älteste Apfelbaum im ganzen Garten. Seine ausladenden knorrigen Äste überragten die anderen kleineren Bäume wie die schützenden Arme eines Erwachsenen. Als Sara nach oben blickte, erhaschte sie gerade noch einen Blick auf das Eichhörnchen, ehe es in der Baumkrone verschwand.

Zoë stand tatsächlich vor dem Gartenhaus und betrachtete es mit großen Augen. Es war ein hübsches kleines Holzhaus mit großen Glastüren und einem kleinen Fenster an der Seite. Vor langer Zeit hatte es jemand mal weiß angestrichen, doch inzwischen war die Farbe vergilbt und blätterte überall ab. Vom Wohnhaus war von hier nichts zu sehen. Es war wie eine eigene kleine Welt.

„Was haltet ihr davon, wenn wir uns darin unser eigenes kleines Häuschen einrichten“, schlug Sara vor und sah die anderen erwartungsvoll an. „Natürlich müssen wir zuerst Mum und Martin fragen, aber die haben bestimmt nichts dagegen.“

„Au ja!“, rief Zoë begeistert. Sie rüttelte an der Türklinke, doch die Tür ließ sich nicht öffnen.

„Warum nicht“, sagte Robert nicht allzu begeistert.

Jake presste die Nase gegen die Glasscheibe. „Da sind ja gar keine Stühle drin und alles ist ganz dreckig. Wo sollen wir uns denn da hinsetzen?“

„Wir können uns ja Möbel besorgen, du Dummi!“, maßregelte ihn Laura. „Irgendwelche alten Stühle oder Kisten und vorher machen wir natürlich alles sauber.“

Sara lachelte zufrieden. Sie hatte schon befürchtet, die anderen fänden ihre Idee vielleicht langweilig, aber dem war wohl nicht so.

Als sie sich wieder auf den Rückweg zum Haus machten, hatte Sara plötzlich das merkwürdige Gefühl, beobachtet zu werden. Sie blieb stehen und blickte sich misstrauisch um.

„Was hast du denn?“, fragte Robert.

Sara hörte ein leises Rascheln und sah zu dem alten Apfelbaum hoch. Zwischen den Zweigen äugte das Eichhörnchen zu ihnen herunter.

„Ach, es war nur das Eichhörnchen“, sagte sie erleichtert.

„Wahrscheinlich hat es Angst um sein Revier“, meinte Robert, als er Saras Blick folgte. „Hier war bestimmt schon lange keiner mehr und jetzt stören wir seine Ruhe.“

„Ich glaube nicht, dass es ihm was ausmacht“, sagte Jake. „Ich glaube, es mag uns.“

Der kleine Junge rief dem Eichhörnchen etwas zu und das Tier zog sich hastig auf einen höher liegenden Ast zurück. „Vielleicht hast du doch Recht“, fügte er hinzu. „Zutraulich ist es nicht gerade.“

„Los komm, Jake!“, rief Zoë. „Wer zuerst wieder am Haus ist!“

Nachdem sie Ruth und Martin um Erlaubnis gebeten hatten, schmiedeten sie den ganzen Nachmittag Pläne für die Neugestaltung des Gartenhauses und notierten sich alles, was sie dafür brauchten.

„Ihr scheint euch ja gut zu verstehen“, bemerkte Martin beim Abendessen. „Das freut mich.“

Als Sara später am Abend nach oben ging, schlummerte Zoë schon tief und fest im Etagenbett. Es war ein ungewohntes Gefühl, nicht allein im Zimmer zu schlafen.

Sara war im Badezimmer und trocknete sich gerade das Gesicht ab, als sie Schritte auf der Treppe und Stimmen hörte. Es waren Laura und Martin.

„Fahren wir jetzt immer zu denen oder machst du auch noch ab und zu was mit uns allein?“, hörte Sara Lauras Stimme. Sie hörte zwar nicht, was Martin darauf antwortete, aber Lauras Frage verletzte sie sehr. Am Nachmittag hatte Martins älteste Tochter noch voller Begeisterung Pläne mit ihnen geschmiedet und jetzt klang sie plötzlich so, als würde sie am liebsten überhaupt nicht mehr zu ihnen kommen.

Sara lag schon in ihrem Bett, als Laura ins Zimmer trat. Sie wartete, bis Laura ins obere Bett geklettert war. Dann knipste sie die Nachttischlampe aus. „Gute Nacht. Schlaf gut", flüsterte sie.

„Gute Nacht", antwortete Laura.

Dann verstummten sie. Doch Sara lag noch lange wach und lauschte auf die regelmäßigen Atemzüge der beiden Mädchen, ehe sie endlich selbst einschlief.

2

„Fangen wir heute mit dem Gartenhaus an?“, fragte Zoë erwartungsvoll, als sie sich am nächsten Morgen fürs Frühstück fertig machten.

„Klar, warum nicht“, antwortete Sara. „Aber wir müssen es erst mal richtig sauber machen, das wird wahrscheinlich ’ne ziemliche Dreckarbeit.“

„Das macht mir nichts aus“, erklärte Zoë fröhlich.

„Dass ich nicht lache!“, meinte Laura abfällig. „Sonst fängst du schon beim kleinsten Dreckspritzer auf deinen Schuhen an zu heulen! Hey, ich sterbe vor Hunger. Lasst uns endlich nach unten gehen.“

Sara wollte gerade aus dem Zimmer gehen, als Zoë sie zurückrief. Sie hatte Saras Brille in der Hand. „Musst du die nicht aufsetzen?“

„Oh, danke“, seufzte Sara. „Die vergesse ich ständig, obwohl ich ohne die Brille alles verschwommen sehe.“

„Wo bleibt ihr denn?“, rief Laura ungeduldig von der Treppe.

„Ist die immer so?“, fragte Sara leise.

„Meistens", antwortete Zoë. „Aber dieses Wochenende ist sie noch schlimmer als sonst. Dabei kann sie manchmal richtig nett sein."

Sara nahm Zoë die Brille aus der Hand und setzte sie auf. „Wir kommen ja schon!", rief sie.

Beim Frühstück erklärte sich Martin bereit, Farbe zu kaufen, während die Kinder das Gartenhaus aufräumten und sauber machten.

Laura wollte unbedingt mit ihrem Vater mitfahren und als er einverstanden war, hellte sich ihre Miene merklich auf.

„Wahrscheinlich ist es besser, wenn du den anderen das Saubermachen überlässt", wandte sich Ruth an Robert. „So staubig, wie das Ding ist, kriegst du noch einen Asthmaanfall."

Lauras Miene verdüsterte sich schlagartig wieder und Sara ahnte auch warum. Bestimmt fürchtete sie, dass Robert nun auch mit zum Einkaufen fahren wollte, aber da brauchte sie sich bestimmt keine Sorgen zu machen. Robert ging nicht gern einkaufen.

„Umso besser", erklärte Robert zufrieden. „Ich wollte sowieso noch was für die Schule am Computer machen."

„Na schön", sagte Ruth. „Aber bevor du dich wieder in deinem Zimmer verkriechst, kannst du den anderen wenigstens helfen, die Putzsachen zum Gartenhaus runterzubringen. Und auf dem Rückweg kannst du mir ein paar Äpfel mitbringen. Ich hoffe, ihr esst alle gern Hähnchen?", meinte sie an Martins Kinder gewandt. „Und Bratkartoffeln und Brokkoli und Apfelkuchen?"

Die drei nickten.

„Ja, Hähnchen ist mein Lieblingsessen", erklärte Jake strahlend.

Nachdem sie den Frühstückstisch abgeräumt hatten und Laura und Martin mit dem Auto weggefahren waren, machten sich die anderen auf den Weg zum Gartenhaus. Es war ein klarer und kühler Tag und Zoë rannte übermütig zwischen den Bäumen voraus. Irgendwie war es ihr gelungen, sich ohne einen einzigen nützlichen Gegenstand davonzumachen, während Sara mit Besen, Kehrschaufel und Putzlappen bepackt war. Robert trug einen Eimer mit Seifenlauge und einen Wischmopp und Jake wedelte mit mehreren alten Tüchern durch die Luft.

Plötzlich hörten sie einen gellenden Schrei zwischen den Obstbäumen.

„Zoë!", rief Sara erschrocken und ließ alles fallen. „Zoë! Was ist passiert?"

Das siebenjährige Mädchen kam mit schreckgeweiteten Augen zwischen den Bäumen hervorgerannt und stürzte sich schluchzend in ihre Arme. Mit angstverzerrtem Gesicht rang sie nach Luft. Sie zog Sara an der Hand zum Haus zurück.

„Schnell!", drängte sie. „Wir müssen ins Haus zurück! Da unten ist was ganz Schreckliches! Komm schon!"

Robert und Jake sahen sie bestürzt an. „Beruhige dich. Hier kann dir nichts passieren", sagte Sara beschwichtigend und drückte Zoë an sich. Das Mädchen zitterte am ganzen Körper. „Was hast du denn gesehen?“

Doch Zoë schüttelte nur stumm den Kopf. Sara fiel plötzlich wieder ein, dass sie sich gestern beobachtet gefühlt hatte. Sie hatte geglaubt, es wäre das Eichhörnchen gewesen, aber vielleicht war da wirklich noch was anderes. Was auch immer Zoë gesehen hatte, es hatte ihr einen Riesenschrecken eingejagt.

„Am besten bringen wir sie ins Haus zurück“, schlug Robert vor. „Und dann gehe ich noch mal runter und suche, was sie so erschreckt hat.“

Im Haus verkroch sich Zoë aufs Sofa und begann wieder zu weinen. Ruth eilte zu ihnen ins Zimmer. „Was ist denn los?“, fragte sie bestürzt und legte dem weinenden Mädchen die Hand auf die Schulter. Zoë stieß sie weg.

„Sie ist zum Gartenhaus vorausgelaufen und hat etwas gesehen, was ihr Angst gemacht hat“, erklärte Robert. „Aber sie will uns nicht sagen was. Ich geh mal nachsehen.“

„Was war es denn, Zoë?“, fragte Sara sanft, nachdem Robert verschwunden war. „Willst du’s mir nicht sagen?“

„Es …“, begann Zoë schluchzend. „Es … war … es war … ein Geist.“ Das Wort Geist flüsterte sie nur noch und dann brach sie wieder in Tränen aus.

„Aber es gibt keine Geister“, versuchte Jake sie zu beruhigen. „Die gibt’s nur in Büchern.“

„Es war aber ein Geist“, wiederholte Zoë nachdrücklich. „Es war ein Junge. Ich habe ihn genau gesehen.“

„Bist du sicher, dass es nicht Jake oder Robert war?“, fragte Ruth.

„Nein, die waren ja bei mir“, sagte Sara.

„Ich sehe doch auch nicht wie ein Geist aus“, erklärte Jake empört.

„Es war der Geist eines Jungen“, sagte Zoë mit zusammengezogenen Augenbrauen. „Ich hab ihn genau gesehen. Er stand direkt hinter dem Gartenhaus, hatte altmodische Kleider an und war ganz weiß im Gesicht. Als ich ihn gesehen hab, ist er verschwunden. Es war ein Geist, das weiß ich ganz genau.“

Sie begann wieder zu weinen und vergrub den Kopf in der Armlehne des Sofas. Sara legte den Arm um sie, doch Zoë schüttelte sie ab.

„Es stimmt, auch wenn mir keiner von euch glaubt!“, schniefte sie. „Ich will zu meiner Mum! Ich will nicht mehr in diesen komischen Garten. Ich will weg von hier! Ich hasse euch alle! Ich will nach Hause!“

In diesem Moment trat Robert zu ihnen ins Zimmer. „Ich hab nichts gefunden“, sagte er achselzuckend. „Keine Ahnung, was sie so erschreckt hat. Ich habe den kompletten Garten abgesucht.“

„Sie sagt, es wäre ein Geist gewesen“, erklärte ihm Sara. Roberts Augen weiteten sich und er lachte belustigt auf.

„Ein Geist?“, wiederholte er schmunzelnd. „Das hast du dir bestimmt nur eingebildet, Zoë. Wahrscheinlich hast du dich nur vor einem Eichhörnchen, einem Hasen oder so erschreckt.“

Zoë zog sich ein Kissen über den Kopf und schluchzte leise. „Sei still“, sagte Sara. „Damit machst du es nur noch schlimmer. Sie will sowieso schon nach Hause.“

„Beruhige dich, meine Kleine. Dein Dad ist bald wieder zurück“, versuchte Ruth sie zu beruhigen, doch Zoë war untröstlich.

Als Martin und Laura mit Farbeimern in der Hand zurückkehrten, kauerte Zoë immer noch wie ein Häufchen Elend auf dem Sofa. Sara war die ganze Zeit bei ihr geblieben, während die anderen sich wieder verzogen hatten.

„Ist ihr was passiert?“, fragte Laura erschrocken. Als sie hörte, warum ihre kleine Schwester weinte, änderte sich ihr Tonfall schlagartig. „Also wirklich, Zoë! Wie kann man nur so bescheuert sein. Jedes kleine Kind weiß, dass es keine Geister gibt!“

„Lass sie ihn Ruhe!“, unterbrach sie Martin. „Überlass das mir.“ Er setzte sich aufs Sofa und strich seiner Tochter sanft über den Rücken. „Zoë“, sagte er leise. „Jetzt setzt du dich mal zu mir auf den Schoß und dann erzählst du mir in aller Ruhe, was passiert ist.“

Zoë rührte sich nicht. Dann setzte sie sich ruckartig auf und schob ihn weg. „Geh weg – ich will zu meiner Mum!“, schnaubte sie. „Ich bin dir doch sowieso egal. Ich will nach Hause!“

„Aber Zoë, wie kommst du denn darauf? Natürlich bist du mir nicht egal“, protestierte Martin. „Pass mal auf. Bald gibt es Mittagessen und dann bringe ich euch sowieso nach Hause. Bitte, Zoë, erzähl mir doch mal, was passiert ist.“

„Du kannst mich hier nicht einsperren!“, rief Zoë

wütend. „Ich will jetzt sofort nach Hause!“ Die Tränen liefen ihr über die Wangen.

Sara fand es besser, die beiden allein zu lassen, und trottete unglücklich in die Küche. Jake saß am Tisch und spielte mit dem restlichen Teig vom Apfelkuchen, während ihre Mutter am Spülbecken zugange war.

„Hat sich die Kleine wieder beruhigt?“, erkundigte sich Ruth.

„Ganz im Gegenteil!“, antwortete Sara. „Hörst du sie nicht?“

In diesem Moment trat Martin zu ihnen. „Tut mir Leid, Ruth, aber ich glaube, es bleibt mir nichts anderes übrig, als sie jetzt sofort nach Hause zu fahren. Sie lässt sich einfach nicht mehr beruhigen. Ich weiß nicht, was ich sonst machen soll.“

„Kein Problem. Wir können ja alles einfrieren“, sagte Ruth und deutete mit einem Achselzucken auf den Backofen. „Ich habe keine Ahnung, was sie gesehen hat, aber es ist wirklich schlimm, dass sie so einen Schreck bekommen hat – und das ausgerechnet gleich bei ihrem allerersten Wochenende bei uns.“

„Allerdings“, sagte Martin mit sorgenvoller Miene. „Ich frage mich, was Jennifer dazu sagen wird.“

Das fragte sich Sara auch. Ob die Kinder nächstes Wochenende wieder kommen würden? Nur weil Zoë glaubte, einen Geist im Garten gesehen zu haben, konnte doch nicht alles vorbei sein.

„Fahren wir jetzt nach Hause oder was?“, fragte Laura, die plötzlich im Türrahmen stand.

„Ich will aber noch nicht gehen“, protestierte Jake. „Ich will noch ein bisschen weiterspielen.“

„Wenn sich Zoë nicht bald beruhigt, bleibt uns nichts anderes übrig“, sagte Martin und hob hilflos die Arme.

Nachdem Martin seine Kinder nach Hause gefahren hatte, kehrte er mit düsterer Miene zurück. Sara hatte ihn noch nie so gesehen. Normalerweise war er immer gut gelaunt. In den folgenden Tagen telefonierte er stundenlang mit seiner Ex-Frau und diskutierte mit ihr über den Vorfall. Jennifer war außer sich, dass Zoë so einen Schreck bekommen hatte. Sie verbot den Kindern noch einmal zu ihnen zu fahren. Sie warf Martin vor, nicht richtig auf sie aufgepasst zu haben.

Als Ruth Martin gut zureden und ihn beruhigen wollte, begann er auch noch mit ihr zu streiten. Sara war todunglücklich. So hatten sich ihre Mutter und Martin noch nie gezankt. Die Stimmung war so angespannt, dass sie sich wünschte, Martin hätte überhaupt keine Kinder.

Am Donnerstag erklärte sich Jennifer schließlich bereit, Martin noch eine Chance zu geben. Laura und Jake wollten am Wochenende gerne zu Besuch kommen. Zoë war allerdings immer noch zu aufgewühlt. Sie weigerte sich sogar, am Telefon mit ihrem Vater zu sprechen.

Sara fragte sich immer wieder, was Zoë nur so erschreckt haben konnte. Es gab einfach keine vernünftige Erklärung. Sie überredete Robert mehrfach mit ihr gemeinsam morgens vor der Schule zum Gartenhaus hinunterzugehen, um nachzusehen, ob sie etwas Ungewöhnliches bemerkten. Doch sie konnten beim besten Willen nichts entdecken. Was hatte Zoë nur gesehen?

3

Endlich war es wieder Samstag. Martin war um halb zehn losgefahren, um Laura und Jake abzuholen. Auf dem Rückweg wollten sie an einer Raststätte zu Mittag essen. Sara lag in ihrem Zimmer auf dem Bett und las, als sie hörte, wie der Wagen in die Einfahrt einbog. Sie trat ans Fenster und sah überrascht, dass Zoë doch mitgekommen war. Anscheinend hatte sie es sich wieder anders überlegt. Sara fiel ein Stein vom Herzen. Martin war bestimmt auch erleichtert, dass sie alle drei mitgekommen waren.

Sara stürmte nach unten, um die Kinder zu begrüßen, und trat gemeinsam mit ihrer Mutter aus dem Haus. Als Ruth Zoë sah, drehte sie sich überrascht zu Martin um und sah ihn fragend an.

„Sie wollte nicht ohne ihre Geschwister allein daheim bleiben", erklärte Martin lächelnd.

Sara hatte eigentlich gehofft, dass sie dieses Wochenende endlich mit der Renovierung des Gartenhauses anfangen würden. Doch sie bezweifelte stark, dass Zoë von der Idee besonders angetan sein würde.

Martin schien ihre Gedanken zu lesen. „Wir haben uns auf der Fahrt ausführlich unterhalten und beschlossen, dass Ruth und ich euch bei der Renovierung des Gartenhauses helfen. Dann sind wir bei euch, falls etwas ist." Er legte den Arm um Zoë und sie lächelte ihn dankbar an.

„Wo steckt eigentlich Robert?", fragte Sara.

„Der ist oben in seinem Zimmer und surft im Internet", antwortete ihre Mutter. „Er will uns dann beim Streichen helfen, sobald wir die staubigen Arbeiten erledigt haben. Martin hat wasserlösliche Farbe gekauft. Und damit kann Robert problemlos arbeiten."

Sara seufzte. Hoffentlich half ihr Bruder später tatsächlich beim Streichen und kam nicht mit neuen Ausreden. Schließlich sollte das Gartenhaus ja ihnen allen gehören.

Da sich Martin noch etwas von der langen Fahrt erholen wollte, gingen die Mädchen nach oben in Saras Zimmer.

„Ich bin wirklich froh, dass du wieder mitgekommen bist", sagte Sara zu Zoë.

„Jetzt habe ich keine Angst mehr", erklärte die Kleine. „Nicht wenn wir alle zusammen dort sind."

„Wir können ja abwechselnd Wache halten", schlug Laura vor.

Sara blickte sie forschend an. Sie war sich nicht ganz sicher, ob Laura das ernst meinte oder nicht.

„Vergiss es. War doch nur Spaß!", erklärte Laura grinsend.

„Robert und ich waren in den letzten Tagen ein paarmal unten am Gartenhaus, aber uns ist nichts Ungewöhnliches aufgefallen", sagte Sara. „Was auch immer du gesehen hast, Zoë, dein Schrei hat es wahrscheinlich so erschreckt, dass es nie wieder kommen wird!"

„Ich hab dir doch gesagt, dass ich keine Angst mehr hab", wiederholte Zoë.

„Da war sowieso nichts. Von Anfang an nicht", meinte Laura abfällig.

Zoë zog eine Schnute. „Ich hab's aber genau gesehen."

„Wie wär's, wenn wir nachher meinen tragbaren CD-Player mit zum Gartenhaus runternehmen?", schlug Sara vor, um das Thema zu wechseln. „Der läuft mit Batterien. Dann können wir beim Arbeiten Musik hören. Ihr könnt euch ja schon mal ein paar CDs aussuchen."

Laura beugte sich neugierig über Saras CD-Regal. „Hey, du hast ja meine Lieblings-CD", rief sie begeistert und hielt die CD hoch.

„So ein Zufall! Das ist auch meine Lieblings-CD!", rief Sara.

Eine halbe Stunde später trabten sie mit dem CD-Player und einem Stapel CDs nach unten. Ruth, Martin und Jake suchten bereits die Putzutensilien zusammen. Draußen im Garten sog Sara genüsslich die milde Oktoberluft ein. Es war einer jener seltenen Herbsttage, an denen die Sonne noch einmal alles in ihr warmes Licht tauchte. Das ideale Wetter für ihr Vorhaben.

„Wie wär's, wenn Ruth, Laura und ich die Außenseite bearbeiten, während ihr drinnen sauber macht?", schlug

Martin vor. Laura legte eine CD auf und drehte die Musik auf. Zoë und Jake begannen ausgelassen zu tanzen.

„Was ist das denn für ein Krach?“, fragte Martin und schnitt eine Grimasse.

„Das ist Musik, Dad“, antwortete Laura. „Das ist meine und Saras Lieblings-CD.“

Martin imitierte einen Moment lang Zoës und Jakes Tanzstil. Die anderen kicherten.

„Geht das auch ein bisschen leiser?“, erkundigte sich Ruth lächelnd.

Martin musste mit aller Kraft an der Glastür ziehen, bis sie sich öffnen ließ. Als Jake neugierig ins Innere trat, wirbelten seine Füße eine Staubwolke auf.

„Igitt“, prustete er und kam schnell wieder nach draußen.

„Na dann wollen wir mal“, erklärte Sara voller Tatendrang und trat, gefolgt von Zoë, durch die Tür. Jake folgte ihnen widerstrebend. Sara tauchte den Putzlappen in den Eimer mit Seifenlauge und begann, die Fensterscheiben von innen zu putzen. Jake zerrte einen vermoderten Karton aus der Ecke, der sich sofort in seine Bestandteile auflöste.

„Ähhh!“, kreischte er und Zoë zuckte erschrocken zusammen. „Eine Spinne! An meinem Bein ist eine riesige Spinne hochgekrabbelt! Ähhh!“ Er stürmte nach draußen und schüttelte sich hektisch.

„Wenn du willst, kannst du uns hier draußen helfen“, bot Martin Jake an. „Ich glaube, da drin bist du keine große Hilfe.“

„Ich hab keine Angst vor Spinnen“, verkündete Zoë

stolz. „Und es macht mir auch gar nichts aus, mich schmutzig zu machen. Siehst du, Laura!" Sie griff nach dem Besen und begann den Boden zu fegen.

Zoës Begeisterung fürs Saubermachen legte sich allerdings bald wieder. Nachdem sie eine Weile draußen mitgeholfen hatte, spielte sie schließlich mit Jake auf der Wiese vor dem Häuschen. Laura gesellte sich zu Sara in den Innenraum und half ihr. Nach knapp zwei Stunden sah das Gartenhaus schon viel besser aus und war bereit für den ersten Anstrich. Erschöpft setzten sie sich auf die Wiese und betrachteten zufrieden ihr Werk.

„Ich glaube, für heute reicht's", meinte Martin gut gelaunt. „Es wird sowieso bald dunkel. Morgen können wir dann mit dem Streichen anfangen. Ich finde, ihr habt wirklich tolle Arbeit geleistet."

„Oh je, meine Hose sieht vielleicht aus", bemerkte Zoë auf dem Rückweg zum Haus. „Wenn das Mum sieht, bringt sie mich um."

„Keine Sorge, wir sehen alle aus wie die Dreckschweine", meinte Ruth lächelnd. „Ich stecke die Sachen gleich nachher in die Waschmaschine. Ich sag Robert, dass er Tee für uns machen und ein paar Kekse auf den Tisch stellen soll, während wir uns duschen und umziehen. Das haben wir uns wirklich verdient."

In Saras Zimmer schlüpfte Zoë aus ihren schmutzigen Sachen und ließ sich aufs Bett fallen. „Das hat wirklich Spaß gemacht!", erklärte sie gähnend.

„Und was ist mit den Geistern?", fragte Laura spöttisch.

Zoë wollte gerade etwas erwidern, als ein gellender

Schrei durchs Haus hallte. Sara streckte den Kopf durch die Tür und sah Jake brüllend aus dem Zimmer ihres Bruders laufen. Robert folgte ihm mit wutverzerrtem Gesicht. In der Hand hielt er ein kaputtes Modellflugzeug.

Jake rannte heulend die Treppe hinunter. Robert drehte sich zu Sara um. „Sieh dir das mal an!" Er hielt Sara das lädierte Flugzeug unter die Nase. „Das glaub ich einfach nicht! Ich bin nur kurz runtergegangen, um Wasser für den Tee aufzusetzen, während er sich oben umgezogen hat. Und was sehe ich, als ich wieder hochkomme? Das hier! Eins kannst du mir glauben, dieser Blödmann kann von mir aus schlafen, wo er will. In mein Zimmer kommt der nicht mehr!"

„Sei doch nicht so", sagte Sara beschwichtigend. „Das hat er bestimmt nicht mit Absicht gemacht. Er ist doch erst fünf."

„Das ist mir doch egal", knurrte Robert. „Aufpassen kann er trotzdem. Zu mir kommt er jedenfalls nicht mehr rein. Ich wusste, dass so was passieren würde!" Er marschierte mit düsterer Miene in sein Zimmer zurück und schlug die Tür hinter sich zu.

„Was ist denn passiert?", fragte Laura. Sara erzählte es ihr.

„Armer Robert", meinte Laura. „Das ist typisch Jake."

Als sie sich geduscht und umgezogen hatten, gingen sie nach unten und fanden Jake weinend in Martins Armen wieder. Ruth machte ein betrübtes Gesicht. „Er sagt die ganze Zeit ‚Das hab ich nicht gewollt'", meinte Ruth, „aber ich weiß gar nicht, was überhaupt passiert ist. Wo steckt eigentlich Robert? Ich dachte, er wollte den Tisch für uns decken?“

„Er hat eins von Roberts Flugzeugen kaputtgemacht“, erklärte Sara.

„O je“, seufzte Ruth. „Wie ist das denn passiert, Jake?“

Jake schwieg und Martin wiederholte Ruths Frage.

„Das hab ich nicht gewollt“, schluchzte der Kleine. „Ich wollte es mir nur ansehen. Und als ich es zu mir runtergezogen hab, damit ich es mir besser anschauen kann, ist es kaputtgegangen.“

„Aber Robert hat dir doch extra gesagt, dass du die Finger davon lassen sollst“, meinte Sara.

„Am besten du entschuldigst dich bei Robert“, sagte Ruth sanft. „Er ist bestimmt schrecklich wütend.“

„Du kannst mir nicht sagen, was ich tun muss. Du bist nicht meine Mum!“, erklärte Jake trotzig.

Ruth sah ihn überrascht an.

„Jake“, sagte Martin ruhig. „Ruth hat Recht. Du musst dich bei Robert entschuldigen.“

„Ich will meinen Teddy haben!“, schniefte Jake.

„Wenn du nach oben zu Robert gehst und dich bei ihm entschuldigt hast, kannst du ihn dir ja holen“, sagte Martin. „Na los. Ich komm auch mit dir.“

Als sie kurz darauf wieder nach unten kamen, weinte Jake immer noch.

„Wo ist denn dein Teddy?“, wollte Zoë wissen.

„Der ist nicht da. Robert hat ihn versteckt, weil ich sein Flugzeug kaputtgemacht hab. Und jetzt sagt er nicht, wo er ist“, erklärte Jake todunglücklich.

„Hast du dich bei ihm entschuldigt?“, fragte Sara.

„Ja, das hat er“, antwortete Martin. „Aber jetzt kann er seinen Teddy nicht finden und ist felsenfest davon überzeugt, dass Robert ihn versteckt hat. Dabei würde er so was nie tun.“

„Bist du sicher, dass du ihn in Roberts Zimmer gelassen hast?“, fragte Ruth. „Komm, wir schauen mal nach, ob er nicht irgendwo hier unten ist.“

Gemeinsam suchten sie die untere Etage nach dem Bären ab, aber umsonst.

„Ich will meinen Teddy haben!“, schluchzte Jake. „Jetzt sofort!“

„Hast du ihn vorhin vielleicht mitgenommen, als wir am Gartenhaus waren?“, fragte Sara. Jake zuckte verzweifelt die Achseln und die anderen konnten sich auch nicht mehr daran erinnern.

„Ich lauf mal schnell runter und sehe nach, bevor es dunkel wird“, erklärte Sara.

„Danke, mein Schatz“, sagte Ruth. „Ich geh solange nach oben und rede mit Robert und ihr könnt ja noch einmal überall nachsehen.“

Sara schlüpfte in ihre Jacke und ging nach draußen. Es war kurz vor fünf. Die Sonne stand schon tief am Himmel und das Licht wurde langsam schwächer. Ihr Blick glitt über die Wiese. Wenn Jake den Teddy tatsächlich hier draußen vergessen hatte, musste sie ihn unbedingt finden. Sonst würde er womöglich nach Hause wollen wie Zoë letztes Wochenende. Und das wollte sie auf jeden Fall verhindern.

Sara ließ den Nachmittag noch einmal Revue passieren.

Nachdem Jake ihnen eine Weile lang „geholfen“ hatte, hatte er mehr oder weniger den ganzen Nachmittag mit Zoë vor dem Gartenhaus gespielt. Wenn er den Teddy wirklich hier draußen vergessen hatte, lag er vermutlich irgendwo dort in der Nähe.

Den Blick fest auf den Boden gerichtet, streifte Sara langsam zwischen den Bäumen hindurch. Plötzlich fiel ihr Blick auf etwas Pelziges zwischen den Blättern und Äpfeln auf dem Boden nur wenige Meter vor ihr. Als sie näher kam, bewegte es sich und sie sah, dass es nicht Jakes Teddy, sondern das Eichhörnchen war. Es sah sie einen Moment lang fragend an und huschte dann eilig davon.

Sara trat aus dem Obstgarten heraus und blickte auf. Sie blieb abrupt stehen. Neben dem Gartenhaus stand eine bleiche Gestalt. Es war ein Junge, der ungefähr acht Jahre alt sein musste. Sein Gesicht war so blass, dass es beinahe durchscheinend wirkte. Er trug merkwürdige Kleider: knielange graue Hosen, ein Hemd mit einer Krawatte und einen Pullunder. Er sah aus wie ein Kind aus einem Geschichtsbuch.

Sara war wie gelähmt. Der Junge schien mit seinen großen, traurigen Augen geradezu durch sie hindurchzusehen. Sie nahm ihre Brille ab und rieb sie an ihrem Jackenärmel, als könnte das etwas an dem Anblick ändern. Die Konturen der Gestalt verschwammen einen Moment lang. Hastig setzte sie die Brille wieder auf und sah erneut zu der Stelle hinüber. Doch der Junge war plötzlich weg. Wo war er bloß hin? Sara sah sich suchend um. Der Garten war auf der Rückseite von einer dichten Hecke und links und rechts von einem Zaun umschlossen. Die Gestalt war spurlos verschwunden.

Das war es also, was Zoë gesehen hatte! Die Erkenntnis schockierte sie, aber Angst hatte sie keine. Der Anblick des Jungen war traurig gewesen, nicht Furcht erregend. War es wirklich ein Geist? Er hatte so bleich und altmodisch ausgesehen und war so plötzlich verschwunden. Was sollte es sonst sein? Sara fröstelte plötzlich. Sie drehte sich um und rannte zum Haus zurück. Was sollte sie den anderen sagen? Wenn Zoë davon erfuhr, würde sie bestimmt wieder Angst bekommen. Und die anderen würden ihr sowieso nicht glauben. Sie würden sich über sie lustig machen, genau wie über Zoë. Nein, im Moment blieb ihr nichts anderes übrig, als ihre Entdeckung für sich zu behalten.

„Hast du ihn gefunden?“, fragte Martin, als Sara wieder ins Haus kam. Sie blickte ihn verwirrt an. Wovon redete er denn? Dann fiel es ihr plötzlich wieder ein. Natürlich, sie war ja hinausgegangen, um Jakes Teddy zu suchen.

„Alles in Ordnung?“, fragte Martin. „Du bist ja ganz blass. Du wirst doch nicht krank werden?“

„Ich bin nur ziemlich müde“, murmelte Sara. „Jakes Teddy habe ich leider nicht gefunden. Ich glaube, ich leg mich ein bisschen hin.“

Sie hastete an ihm vorbei und ging eilig die Treppe hoch. Als sie ausgestreckt auf dem Bett lag, merkte sie, dass sie immer noch zitterte, und deckte sich mit ihrer Bettdecke zu. Bisher hatte sie nie groß darüber nachgedacht, ob sie an Geister glaubte oder nicht. Jetzt hatte sie einen mit ihren eigenen Augen gesehen, aber …

„Ich hab dir was zu trinken hochgebracht“, sagte ihre Mutter und setzte sich zu ihr auf die Bettkante. „Wie geht es dir? Vielleicht hast du dich heute Nachmittag etwas übernommen. Du hast ziemlich hart gearbeitet.“

„Mir geht’s bestimmt gleich wieder besser.“ Sara setzte sich auf und versuchte zu lächeln. „Danke für den Saft. Hat Jake seinen Teddy immer noch nicht gefunden?“

„Nein. Ich habe wirklich keine Ahnung, wo der noch sein könnte. Aber er wird schon wieder auftauchen. Ich hab mittlerweile mit Robert gesprochen und er hat sich wieder einigermaßen beruhigt. Er meinte, das Flugzeug könnte er reparieren, und ich glaube, er hat Jake schon wieder verziehen. Er hat sogar einen alten Teddy für ihn aufgetrieben, den er ihm leihen wollte, bis sein eigener wieder auftaucht. Erst war ich nicht sicher, ob Jake darauf eingehen würde, aber er scheint ganz zufrieden mit der Lösung zu sein. Jedenfalls hat er aufgehört zu weinen und Robert zeigt ihm unten gerade, wie man Papierflugzeuge bastelt. So wie’s aussieht, haben wir die Krise überstanden.“

„Gott sei Dank!“, seufzte Sara. „Ich hatte schon Angst, sie würden wieder früher nach Hause fahren.“

„Mach dir darüber mal keine Gedanken“, versicherte ihre Mutter.

„Ich komme auch gleich runter“, sagte Sara. „Mir geht’s schon wieder viel besser.“

Als Sara kurz darauf das Wohnzimmer betrat, flog ihr ein Papierflugzeug an den Kopf.

„Guter Schuss, Jake“, meinte Robert anerkennend. Sara hob das Flugzeug auf und zielte damit auf den Kopf ihres Bruders. Es flog genau auf ihn zu, doch Robert duckte sich und der Flieger prallte gegen die Wand und rutschte hinter das Sofa.

„Das musst du jetzt aber holen“, erklärte Jake.

Zoë stand auf und half Sara, das Sofa ein Stück vorzuziehen. „Warum hast du dich vorhin hinlegen müssen, als du wieder zurückgekommen bist?“, wollte Zoë wissen. „Hast du Angst gehabt so allein da unten?“

Ihre Blicke trafen sich einen Moment und Sara sah schnell wieder weg.

„So ’n Quatsch, warum sollte sie Angst haben“, antwortete Laura an ihrer Stelle. „Nicht jeder ist so ein Feigling wie du.“

„Ich war einfach nur ein bisschen müde“, sagte Sara und wich Zoës Blick aus.

„Was macht ihr denn so lange?“, beschwerte sich Jake. „Ich will mein Flugzeug wiederhaben.“

Sara bückte sich und langte unters Sofa. Als sie suchend nach dem Flugzeug tastete, berührten ihre Finger etwas Weiches und Pelziges. Sie zog es hervor und hielt es hoch. „Sieh mal, was ich gefunden habe!“

„Mein Teddy!“, jubelte Jake. „Mein Flugzeug hat ihn gefunden! Danke, liebes Flugzeug.“ Er gab dem Papierflieger einen Kuss und schloss seinen geliebten Bären in die Arme. Die anderen lachten.

„Ich glaube, dafür musst du eher Sara danken“, meinte Laura.

„Ist denn keiner von euch darauf gekommen, hinter dem Sofa nachzusehen?“, fragte Sara mit hochgezogenen Augenbrauen. Wenn sie das nämlich getan hätten, wäre sie erst gar nicht nach draußen gegangen und dann hätte sie nicht gesehen ... was sie gesehen hatte. Bei der Erinnerung an den Anblick des Geistes lief Sara ein Schauer über den Rücken.

„Ich weiß was!“, rief Jake. „Jeder von uns bastelt jetzt ein Flugzeug und dann veranstalten wir ein Wettfliegen. Wetten, dass meins am besten von allen fliegt?“

Sara nahm sich ein Blatt Papier und faltete es sorgfältig in der Mitte. Die Ablenkung würde ihr gut tun. Doch sie wurde das Gefühl nicht los, dass der Geist schon dafür sorgen würde, dass man ihn nicht allzu lange vergaß.

4

Mitten in der Nacht wurde Sara plötzlich wach. Das Herz klopfte ihr bis zum Hals. Sie hatte das unbestimmte Gefühl, dass sich jemand über ihr Bett beugte. Das war doch nicht etwa … Quatsch, wie sollte der Geist denn ins Haus gekommen sein? Andererseits ließen sich Geister wohl kaum von Mauern und verschlossenen Türen aufhalten. Sie lag regungslos da und wagte es nicht einmal, die Augen zu öffnen.

Erst als ihr klar wurde, dass sie den warmen Atem einer Person auf ihrem Gesicht spürte, entspannte sie sich etwas. Das konnte nicht der Geist sein – Geister atmeten schließlich nicht, oder? Langsam öffnete sie die Augen. Im Halbdunkel erkannte sie Zoës lange dunkle Haare direkt über ihr.

„Zoë!“, zischte sie. „Was machst du denn da? Du hast mich vielleicht erschreckt.“

„Du hast ihn gesehen, stimmt’s? Als du draußen nach Jakes Teddy gesucht hast, hast du den Geist gesehen. Hab ich Recht? Deshalb hast du dich hinterher hingelegt.“

„Na schön. Ja, ich hab ihn auch gesehen“, gestand Sara.

„Aber ich wollte dir nichts sagen, weil ich dir keine Angst machen wollte.“

„Wusste ich's doch“, sagte Zoë.

„Jetzt geh wieder ins Bett und schlaf weiter“, sagte Sara gähnend.

„Sara ...?“

„Was denn?“

„Ich hab ins Bett gemacht“, flüsterte Zoë.

„Das macht doch nichts“, sagte Sara leise. Sie setzte sich auf und rieb sich die Augen. „Ich hol dir schnell ein frisches Leintuch. Ich bin gleich wieder da. Hast du noch eine andere Schlafanzughose dabei?“

„Nein.“

„Dann gebe ich dir einfach ein Nachthemd von mir.“

„Danke, Sara. Aber bitte sag Dad oder deiner Mum nichts davon. Sonst darf ich vielleicht nicht mehr herkommen.“

„Keine Angst, von mir erfährt niemand ein Wort. Aber selbst, wenn sie's wüssten, wären sie bestimmt nicht böse darüber. Ist dir das auch schon passiert, als dein Dad noch bei euch gewohnt hat?“

„Nein, erst seit er weg ist“, antwortete Zoë. „Ich weiß auch nicht warum.“

„Mach dir darüber mal keine Gedanken“, sagte Sara sanft. „Das ist nicht deine Schuld.“ Sie öffnete lautlos eine Schublade und zog ein Nachthemd heraus. „Zieh das hier an und dann kannst du mir helfen, das Leintuch von deinem Bett abzuziehen. Aber sei leise, damit Laura nicht aufwacht.“

„Bloß das nicht", flüsterte Zoë. „Dann zieht sie mich nur wieder auf."

„Na also", sagte Sara, als sie das Bett frisch bezogen hatten. „Ab ins Bett mit dir. Ich geh nur schnell runter und stecke das hier in die Waschmaschine."

„Du bist wirklich nett", sagte Zoë. Sie gab Sara einen Kuss auf die Wange und kroch in ihr Bett zurück. Sara deckte sie mit der Bettdecke zu.

„Ich glaube, es ist besser, wenn das mit dem Geist unser Geheimnis bleibt", flüsterte Sara. „Selbst wenn ich den anderen erzähle, dass ich ihn auch gesehen habe, werden sie uns immer noch nicht glauben."

„Na gut", nickte Zoë. „Aber ich bin froh, dass du ihn auch gesehen hast. Wenigstens du glaubst mir jetzt."

„Gute Nacht, Zoë. Schlaf gut."

„Gute Nacht", sagte Zoë und schloss die Augen.

Am nächsten Morgen erwachte Sara mit dem Kopf voller Fragen über den Geist. Sie wollte den Jungen noch einmal sehen und mehr über ihn herausfinden. Außerdem hätte sie gern mit Zoë darüber gesprochen, aber Laura war bereits wach und deshalb ging es nicht.

Nach dem Frühstück suchte Ruth für Martins Kinder ein paar alte Kleider heraus, die sie zum Streichen anziehen konnten, und dann machten sie sich wieder auf den Weg zum Gartenhaus. Sara platzte beinahe vor Neugier. Am liebsten wäre sie vorausgerannt, um nachzusehen, ob der

Geist wieder da war, aber etwas hielt sie zurück. Zwar hatte sie den Geist nicht als bedrohlich empfunden, doch sein Anblick war so seltsam und unheimlich gewesen, dass sie ihn nicht unbedingt allein wieder sehen wollte.

Während sie zwischen den Obstbäumen hindurchgingen, schob Zoë ihre Hand in die ihre. Die Siebenjährige verlangsamte das Schritttempo, bis Ruth und Robert vor ihnen gingen.

„Ihr zwei seid ja ein Herz und eine Seele", bemerkte Laura mit hochgezogenen Augenbrauen. Sara und Zoë ignorierten die Bemerkung und ließen Laura vorbeistapfen.

Als Martins älteste Tochter neben Robert herging, fiel Sara plötzlich auf, wie klein ihr Bruder neben Laura wirkte. Laura war einen ganzen Kopf größer als er, obwohl sie nur ein paar Monate älter war. Sie ähnelte Martin sehr. Sara fragte sich, ob sie oder Robert ihrem Vater auch so ähnlich sahen. Sie hatte schon seit einer Ewigkeit keine Fotos mehr von ihm gesehen. Ihre Mutter musste sie vor längerer Zeit mal weggeräumt haben.

„Du wirst ganz schön staunen, wenn du siehst, wie hart wir gestern gearbeitet haben. Das Gartenhaus ist kaum wieder zu erkennen!", erklärte Laura triumphierend an Robert gewandt.

„Da bin ich aber gespannt", meinte Robert und klang überhaupt nicht so.

Als sie zwischen den Bäumen hervortraten, blickte Sara gebannt auf die Stelle, an der sie am Vortag den Geist gesehen hatte. Aber da war nichts. Sara war enttäuscht. Sie hatte fest damit gerechnet, dass er heute wieder da sein würde.

Zoë ließ ihre Hand los. Auf ihrem Gesicht spiegelte sich Erleichterung.

„Schau mal, Robert“, rief Jake. „Wir haben die ganze alte Farbe von der Außenseite heruntergekratzt.“

„‚Wir‘ ist gut!“, widersprach Laura. „Du hast doch gestern kaum was geholfen.“

„Sieht wirklich schon viel besser aus“, meinte Robert anerkennend und öffnete die Tür. „Jetzt, wo alles sauber ist, wirkt der Innenraum auch viel größer.“

Die Kinder schauten sich stolz im Innern des Gartenhauses um, während Ruth und Martin die Farbtöpfe öffneten. „Hey, hier drin ist ja sogar ein Anschluss für eine Lampe und eine Steckdose“, rief Robert.

„Vielleicht hat man das Gartenhaus früher mal als Werkstatt genutzt“, mutmaßte Laura.

„Wenn der Stromanschluss noch funktioniert, können wir sogar einen elektrischen Heizkörper hier reinstellen, wenn es kälter wird“, meinte Robert.

Sara freute sich über Roberts plötzliches Interesse und wollte gerade etwas sagen, als Zoë ängstlich ihren Arm umklammerte.

„Da! Vor dem Fenster!“

Die Kinder drehten sich rasch um und schauten hinaus. Die Fensterscheibe war immer noch etwas verschmiert, doch zweifellos blickte das Gesicht eines Jungen zu ihnen herein. In diesem Moment öffnete der Junge den Mund. „Huuuuuu! Huuuuuuuuu!“, hörten sie eine Stimme.

„Was ist los mit euch?“, rief Laura. „Das ist doch bloß Jake. Seht ihr das denn nicht!“

Sara wandte sich um. Gerade eben hatte der Fünfjährige noch neben ihnen gestanden, aber jetzt war er verschwunden.

In diesem Moment erschien Jake wieder in der Tür. Er grinste von einem Ohr zum anderen. „Ha, ha!", rief er vergnügt und streckte ihnen die Zunge heraus. „Ich hab euch ganz schön erschreckt, was? Ihr habt sicher gedacht, ich sei ein Geist!"

„Von wegen!", entgegnete Laura.

„Wir wussten sofort, dass du das bist", bestätigte Robert.

„Zoë ist als Einzige auf deinen Blödsinn reingefallen", sagte Laura. „Aber die tickt ja auch nicht ganz richtig."

„Red keinen Unsinn", verteidigte sie Sara.

„Du kennst sie nur noch nicht richtig", sagte Laura. „Wart's ab."

Zoë machte ein Gesicht, als würde sie jeden Moment in Tränen ausbrechen. In diesem Moment streckte Martin den Kopf durch die Tür und rettete die Situation. „Worauf wartet ihr denn noch? Wir können anfangen!"

Jeder schnappte sich einen Pinsel und sie machten sich an die Arbeit. Es dauerte nicht lange und das Gartenhaus war kaum wieder zu erkennen – genauso wenig wie die Kleider der Kinder.

„Gut, dass du das vorhergesehen hast", sagte Martin zu Ruth. „Ich will Jennifer keinen unnötigen Grund geben, sich zu beschweren, und über farbverschmierte Kleider wäre sie bestimmt nicht begeistert."

„Jake hat sogar ein bisschen Farbe im Haar", bemerkte Ruth. „Aber das können wir noch rauswaschen, bevor ihr fahrt. Jetzt haben wir uns erst mal ein schönes Mittagessen verdient. Ich taue das Huhn und den Apfelkuchen von letzter Woche auf. Dann muss ich nur noch das Gemüse zubereiten."

In der folgenden Woche lief Sara jeden Tag vor der Schule zum Gartenhaus hinunter, um nachzusehen, ob der Geist wieder da war, aber ohne Erfolg. Obwohl sie normalerweise gerne zur Schule ging, konnte sie diese Woche kaum das Wochenende erwarten. Es fiel ihr schwer, sich auf die Hausaufgaben zu konzentrieren. Ständig schweiften ihre Gedanken zu dem Geist ab. Warum erschien er nur an den Wochenenden und niemals während der Woche? Was hatte sein Erscheinen zu bedeuten? Was wollte er hier?

Sara hätte sich gerne mit Zoë darüber unterhalten. Es war eine merkwürdige Vorstellung, dass Martins Kinder während der Woche ein völlig anderes Leben führten, von dem Sara nicht viel wusste. Sie fragte sich, wie dieses andere Leben, ihr Haus, ihre Stadt, ihre Schule wohl war. Und sie fragte sich, ob Zoë, genau wie sie, immer wieder an den Geist denken musste.

5

„Auf dem Marsh Farm Field ist heute Flohmarkt“, sagte Martin, als die Kinder am folgenden Wochenende aus dem Wagen stiegen. „Das stand auf einem Plakat, an dem wir vorbeigefahren sind. Laura hat vorgeschlagen, sich dort nach ein paar Sachen für das Gartenhaus umzusehen.“

„Gute Idee“, nickte Sara. „Können wir jetzt sofort hinfahren?“

„Immer mit der Ruhe“, ermahnte sie Ruth. „Die Kinder sind doch gerade erst angekommen. Vielleicht möchten sie lieber zuerst was trinken und sich ein bisschen ausruhen.“

„Nö“, erklärte Zoë. „Wir wollen jetzt sofort gehen. Ich will mich nicht ausruhen.“ Laura und Jake nickten zustimmend.

„Aber ich könnte eine kleine Auszeit gut brauchen“, meinte Martin gähnend. „Wenn ihr unbedingt wollt, könnt ihr ja schon mal vorgehen und ich komme dann später nach.“

Als sie bei der Wiese vor der Marsh Farm ankamen, glitt Saras Blick erstaunt über die zahlreichen Tische und Stände. Der Flohmarkt war riesig.

„Hier finden wir bestimmt was“, sagte sie zuversichtlich, während sie sich neugierig umsahen.

„Och, seht mal das ferngesteuerte Auto! Das ist ja toll!“, rief Jake. „Kann ich mir das kaufen?“

„Wir sind doch hier, um Sachen für unser Gartenhaus zu kaufen“, rief ihm Sara ins Gedächtnis. „Ein ferngesteuertes Auto brauchen wir da nicht unbedingt.“

Jakes Miene verdüsterte sich, doch das bunte Treiben auf dem Flohmarkt ließ ihn seine Enttäuschung schnell wieder vergessen. Als sich Martin später zu ihnen gesellte, hatten sie bereits drei Poster und einen kleinen Klapptisch erstanden. Auf dem Rückweg hielt Jake voller Stolz das ferngesteuerte Auto im Arm, das Martin ihm gekauft hatte. Außerdem hatten sie noch einen großen Flickenteppich, mehrere bunte Kissen und zwei Sitzsäcke ergattert.

„Ich kann es kaum abwarten, die Sachen ins Gartenhaus runterzubringen und zu sehen, wie sie darin aussehen“, sagte Sara aufgeregt.

„Können wir jetzt sofort runtergehen?“, fragte Zoë.

„Wenn ihr wollt“, meinte Martin.

Die Kinder schleppten ihre Einkäufe durch den Garten und brachten sie eilig in den Innenraum. Robert und Laura hängten die Poster auf. Zoë hatte ein Bild mit zwei getigerten Kätzchen ausgesucht, Jake ein Dschungelbuch-Poster und Robert hatte ein Plakat gefunden, auf dem die Entwicklung von Flugzeugen abgebildet war. Die drei Bilder passten zwar nicht unbedingt zueinander, aber wenigstens waren jetzt die Wände nicht mehr so kahl.

Nachdem sie den Teppich auf dem Fußboden ausgerollt und die Kissen arrangiert hatten, sah der Raum schon richtig wohnlich aus.

„Die sind echt bequem“, seufzte Robert und räkelte sich genüsslich auf einem der Sitzsäcke. „Hey, Jake!“, rief er und blickte aus dem Fenster. „Du kannst wieder reinkommen. Deine Geister-Show kannst du dir sparen!“

„Aber ich bin doch hier!“, antwortete Jake verwundert. Robert drehte sich um und starrte überrascht in die Ecke, in der Jake auf einem Kissen kauerte. Dann blickte er wieder zum Fenster.

„Aber … aber … wer ist das dann?“, flüsterte er und deutete nach draußen. Alle drehten sich um.

„Das ist er! Das ist der Geist!“, flüsterte Sara aufgeregt. „Den hast du gesehen, stimmt’s, Zoë?“ Zoë nickte.

Keiner konnte bestreiten, dass das bleiche, gespenstische Gesicht eines Jungen zu ihnen durchs Fenster hereinblickte. Einen Moment lang saßen sie alle regungslos da und keiner sagte ein Wort.

„Aber das ist unmöglich“, sagte Laura schließlich. „Es gibt keine Geister.“

„Das muss ich mir unbedingt näher ansehen“, zischte Sara. „Du kannst ja mitkommen und dich selbst davon überzeugen, dass es ein Geist ist.“

„So wie du redest, könnte man fast meinen, du hättest ihn schon mal gesehen“, meinte Robert argwöhnisch.

„Hab ich auch“, antwortete Sara. „Letztes Wochenende,

als ich Jakes Teddy gesucht hab. Aber ich war mir sicher, dass ihr mir sowieso nicht glauben würdet, also hab ich es für mich behalten. Los kommt, wir gehen ganz leise raus, damit wir ihn nicht verjagen."

Als Sara vorsichtig die Tür öffnete, spürte sie, wie Zoë nach ihrer freien Hand griff. Dann schlichen sie einer nach dem anderen aus dem Gartenhaus.

„Wo ist er?", flüsterte Laura.

„Oh, er ist verschwunden", wisperte Sara enttäuscht. „Genau wie letztes Mal, als ich ihn gesehen hab, und wie bei Zoë auch. Es kann also nur ein Geist sein. Sonst könnte er sich doch nicht einfach so in Luft auflösen."

Robert ging einmal um das Gartenhaus herum und trat dann wieder zu ihnen. „Tatsächlich. Er ist weg", sagte er perplex.

„Ich wusste gar nicht, dass es richtige Geister gibt!", flüsterte Jake. „Das ist ja komisch."

„Du kannst jetzt aufhören zu flüstern", sagte Laura laut. „Er ist sowieso weg. Aber ich glaube immer noch nicht, dass es ein Geist war."

„Hast du eine bessere Erklärung?", fragte Sara.

Laura machte ein nachdenkliches Gesicht. „Nein", gestand sie.

„Er hat so eine komische altmodische Frisur", sagte Zoë. „Und wenn du gesehen hättest, was er für seltsame Sachen anhat, würdest auch glauben, dass es ein Geist ist." Sie beschrieb die Kleidung des Jungen und die anderen hörten ihr aufmerksam zu.

„Genau das hat er bei mir auch angehabt", bestätigte

Sara, als Zoë zu Ende erzählt hatte. „So was würde heutzutage doch kein Kind anziehen!“ Die anderen mussten ihr zustimmen.

Zoë fröstelte plötzlich und erklärte, sie wolle lieber zum Haus zurückgehen. Also machten sie sich auf den Rückweg.

„Es hat bestimmt einen Grund, dass er immer wieder hier auftaucht“, sagte Sara nachdenklich. „Komischerweise kommt er immer nur an den Wochenenden.“

„Genau wie wir“, bemerkte Jake.

„Genau“, nickte Sara. „Robert und ich haben ihn noch nie in der Woche gesehen. Dabei hab ich extra jeden Tag nachgesehen.“

Die Kinder waren sich einig, dass sie Ruth und Martin besser nichts von der sonderbaren Erscheinung erzählen sollten. Sie gingen nach oben ins Zimmer der Mädchen, um sich ungestört unterhalten zu können.

„Es muss eine Erklärung dafür geben“, sagte Sara nachdenklich. „Ich hab vor kurzem eine Sendung über Geister im Fernsehen gesehen, und da sind die Geister immer an den Orten herumgespukt, wo sie früher gelebt haben. Vielleicht ist es ja der Geist eines Kindes, das mal hier gewohnt hat.“

„Das klingt einleuchtend“, sagte Laura. „Ich glaub, die Sendung hab ich damals auch gesehen.“

„Aber warum ist er dann immer nur unten im Garten und nie hier im Haus?“, wunderte sich Robert. „Und warum immer nur am Wochenende?“

Zoë verzog ängstlich das Gesicht. „Wenn der Geist hier ins Haus kommt, dann komme ich nicht mehr her!“

„Ich auch nicht“, pflichtete ihr Jake bei.

„Vielleicht hat er früher immer am liebsten im Garten gespielt“, mutmaßte Sara.

„Meint ihr, der Geist ist hier gestorben?“, fragte Zoë.

Keiner antwortete und Zoë schauderte. „Das ist alles so unheimlich. Können wir nicht über was anderes reden?“

„Genau“, sagte Jake. „Wir können uns ja ein Video ansehen oder so was.“

Da keiner eine bessere Idee hatte, gingen sie schließlich nach unten und durchstöberten den Wohnzimmerschrank nach Videokassetten. Jake schlug vor, sich „Ghostbusters“ anzusehen, aber die anderen hielten das für keine allzu gute Idee. Schließlich fanden sie einen Film, der sie alle interessierte, und eine Weile lang dachten sie nicht mehr an den Geist.

Der Abend und die Nacht vergingen ohne nennenswerte Zwischenfälle, außer dass Zoë wieder ins Bett machte. Sara war froh, dass die anderen den Geist auch gesehen hatten. Jetzt konnten sie gemeinsam versuchen, mehr über ihn herauszufinden.

Am nächsten Morgen erwähnte keiner von ihnen den Geist. Martin war voller Tatendrang und erklärte sich bereit, ihnen beim zweiten Anstrich des Gartenhauses zu helfen. Als sich die Begeisterung der Kinder ziemlich in Grenzen hielt, betrachtete sie Martin forschend.

„Sagt bloß, ihr habt schon das Interesse an eurem neuen

Haus verloren?", fragte er mit hochgezogenen Augenbrauen. „Und das nach all der Arbeit, die wir uns gemacht haben, und den Sachen, die ihr extra dafür gekauft habt!"

„Quatsch", beeilte sich Sara zu sagen. „Natürlich wollen wir noch weitermachen." Sie blickte die anderen eindringlich an. Sie nickten.

„Ich weiß, es war ziemlich viel Arbeit, aber jetzt haben wir es bald geschafft", meinte Martin und zwinkerte ihnen aufmunternd zu.

Sie schlüpften in ihre Arbeitsklamotten und gingen nach draußen. Saras Gedanken kreisten schon wieder um den Geist. Sie wusste, dass sie ihn wieder sehen mussten, wenn sie herausfinden wollten, wer er war und was er hier machte. Ob er heute wieder da sein würde? Was, wenn Martin und Ruth ihn sahen – was würden sie dazu sagen?

Angespannt machten sich die Kinder auf den Weg zum Gartenhaus. Sie blieben dicht beieinander und sahen sich ständig um, als sie zwischen den Bäumen hindurchgingen. Martin und Ruth marschierten ein gutes Stück voraus und erkundigten sich mehrmals, wo sie denn blieben. Beim Gartenhaus blickten sich die Kinder ängstlich um, aber von dem Geist war weit und breit nichts zu sehen.

„Was ist denn heute bloß mit euch los?", fragte Ruth kopfschüttelnd. „Ihr benehmt euch so seltsam."

„Wir haben nur nach dem Eichhörnchen Ausschau gehalten", antwortete Sara so unbekümmert wie möglich. „Normalerweise ist es immer hier unten, aber heute konnten wir es nirgends entdecken."

Ruth sah nicht besonders überzeugt aus und Martin

auch nicht. „Na, dann wollen wir mal“, sagte er und reichte ihnen achselzuckend die Pinsel.

Beim Streichen entspannten sich die Kinder allmählich wieder und vertieften sich in die Arbeit. Als sie fertig waren, traten sie einen Schritt zurück und betrachteten ihr Werk voller Stolz. Das Häuschen war zwar nicht unbedingt perfekt, aber kein Vergleich mehr zu vorher. Es sah hell und freundlich aus und hob sich leuchtend von den umstehenden Bäumen ab.

„Das sieht aber toll aus!“, bemerkte Zoë stolz.

„Nächstes Wochenende könnt ihr es schon benutzen“, sagte Martin. „Ihr habt bestimmt viel Spaß hier unten. Hoffentlich macht ihr keinen Unsinn!“

„Ich kann's kaum noch abwarten“, erklärte Jake begeistert. „Zu doof, dass wir noch eine ganze Woche warten müssen.“

„Ach was“, entgegnete Martin mit einem Anflug von Trauer in der Stimme. „Du wirst sehen, die nächsten fünf Tage vergehen wie im Flug und du bist schneller wieder hier, als du denkst.“

6

Die Woche verging tatsächlich wie im Flug und schon bald saßen die Kinder wieder vereint in ihrem neuen Häuschen. Mit einigen Utensilien aus Saras Zimmer, einer alten Stehlampe, einem Regal und dem kleinen Heizgerät, das Ruth für sie aufgetrieben hatte, war das Gartenhäuschen warm und gemütlich. Ruth hatte während der Woche den Elektriker gebeten, den Stromanschluss zu überprüfen, und er hatte gesagt, dass sie ihn bedenkenlos benutzen könnten. Jetzt hatten sie ihr eigenes kleines Häuschen mit Licht und Heizung.

Der Geist hatte sich die ganze Woche nicht blicken lassen, obwohl Sara und Robert immer wieder nach ihm Ausschau gehalten hatten. Auch am Samstagnachmittag fehlte jede Spur von ihm. Als sie es sich auf den Kissen und Sitzsäcken bequem gemacht hatten, schwiegen sie nachdenklich. Sara war sich sicher, dass sie sich alle die gleiche Frage stellten: Wann würde der Geist wieder auftauchen?

„Wir müssen mehr über diesen Geist herausfinden“, unterbrach Sara die Stille. „Ich hab mir überlegt, wenn der

Junge wirklich hier gestorben ist, könnten wir ja mal auf dem Friedhof nachsehen. Oder habt ihr eine bessere Idee?"

„Nein", sagte Laura.

Zoë machte ein ängstliches Gesicht. „Müssen wir wirklich dahin?"

„Zoë hat Angst", höhnte Jake.

„Gar nicht", widersprach Zoë. „Ich mag nur keine Friedhöfe."

„Wir wissen weder wie der Junge hieß noch wann er gestorben ist. Wie wollt ihr ihn dann auf dem Friedhof finden?", wandte Robert ein.

„Stimmt, daran hab ich überhaupt nicht gedacht", seufzte Sara. „War vielleicht doch keine so gute Idee." Sie wollte Zoë auf keinen Fall unnötig beunruhigen, wenn es sowieso nichts brachte. Robert hatte Recht.

„Wie wär's mit einem kleinen Spaziergang durchs Dorf?", schlug Laura vor. „Das würde ich mir gern mal näher ansehen und vielleicht fällt uns ja unterwegs was Vernünftiges ein."

Die anderen nickten zustimmend und so machten sie sich auf den Rückweg zum Haus. Auf der Höhe des Obstgartens verspürte Sara plötzlich den unwiderstehlichen Drang, sich noch einmal umzudrehen. Als sie sich umwandte, lief ihr ein Schauer über den Rücken – am Ende des Gartens stand der kleine Junge und sah ihnen nach.

„Seht mal da!", zischte Sara. „Da ist er wieder!"

Die anderen blieben stehen und drehten sich hastig um. Der Geist war kaum zu sehen. Ohne ihre Brille hätte Sara ihn gar nicht erkennen können. Er trug die gleichen Kleider wie beim letzten Mal und sah sie wieder mit diesem traurigen Blick an. Sara wäre gern auf ihn zu gegangen, um ihn aus der Nähe zu betrachten und vielleicht sogar mit ihm zu sprechen – falls das überhaupt ging. Es gab nur eine Möglichkeit, das herauszufinden, doch ihre Füße rührten sich nicht vom Fleck. Sie hatte das starke Gefühl, dass der Geist verschwinden würde, sobald sie auch nur einen Schritt in seine Richtung machen würde.

Sie standen alle fünf wie angewurzelt da und starrten auf den Geist, der genauso unverhohlen zurückstarrte. Plötzlich öffnete er den Mund, als wollte er etwas sagen. Dann löste er sich vor ihren Augen wie eine Rauchfahne in Luft auf.

„Können wir wieder ins Haus zurückgehen“, bat Zoë. „Der Junge macht mir Angst.“

„Du bist vielleicht ein Angsthase“, sagte Laura verächtlich.

Sara griff nach Zoës Hand und drückte sie.

„Dieser Geist ist irgendwie komisch“, meinte Jake kopfschüttelnd. „Bis jetzt dachte ich immer, die gibt’s nur im Fernsehen und in Büchern. Jetzt habe ich schon zweimal einen echten Geist hier im Garten gesehen!“

„Vielleicht sollten wir noch eine Weile hier bleiben, falls er noch mal zurückkommt“, meinte Laura.

„Ich glaube kaum, dass er heute noch mal zurückkommt“, entgegnete Sara. „Lasst uns lieber ein bisschen spazieren gehen. Er will uns bestimmt was sagen. Wir müssen uns was einfallen lassen, wie wir mehr über ihn erfahren können.“

Die anderen nickten und sie gingen ins Haus zurück, um Ruth und Martin um Erlaubnis zu bitten.

„Aber passt gut auf Jake und Zoë auf“, ermahnte sie Ruth. „Hier ist zwar nicht viel Verkehr, aber auf der Straße muss man trotzdem vorsichtig sein.“

„Auf mich muss man nicht mehr aufpassen“, erklärte Zoë. „Ich kann ja auf Jake und mich aufpassen.“

Jake streckte ihr die Zunge heraus. „Ich will nicht, dass du auf mich aufpasst.“

„Wenn ihr nicht aufhört, euch zu streiten, könnt ihr beide gleich hier bleiben“, ermahnte sie Martin.

„Bitte lass uns mit, Dad“, bat Zoë.

„Wir sind auch ganz brav“, beteuerte Jake.

„Na schön“, lenkte Martin ein. „Aber bleibt nicht zu lange weg.“

Sie schlenderten den langen gewundenen Weg entlang, der zur Dorfmitte führte.

„Wo geht’s denn hier hin?“, fragte Laura und deutete auf einen abzweigenden Fußweg.

Sara zuckte die Achseln. „Keine Ahnung, da sind wir noch nie langgegangen.“

„Der Weg führt wahrscheinlich zur Wiese hinter unserem Haus“, meinte Robert. „Da sollen demnächst Häuser gebaut werden. Wir können ja mal nachsehen, ob sie schon damit angefangen haben.“

Er bog entschlossen in den Fußweg ein und die anderen folgten ihm. Sie gingen an der Rückseite eines großen Hauses vorbei und zwischen mehreren Bäumen hindurch. Sara bezweifelte stark, dass der Weg tatsächlich zur Wiese hinter ihrem Haus führte. Es war eine ganz andere Richtung.

„Glaubst du immer noch, dass es hier zur Wiese geht?“, fragte sie Robert, als sie zehn Minuten gegangen waren.

„Klar, der Weg führt um die Wiese herum und geht dann auf der anderen Seite wieder zurück“, erklärte er entschieden.

Sara wollte gerade vorschlagen umzukehren, als sie an einem Zaun ankamen. Dahinter erstreckte sich eine große Blumenwiese, die auf einer Seite von einer vertraut aussehenden Hecke begrenzt wurde. Hinter dem dichten, hohen Buschwerk war lediglich die Krone eines großen Apfelbaums zu erkennen.

„Wusste ich's doch“, sagte Robert zufrieden.

Sara blickte nachdenklich über die Wiese mit dem kniehohen Gras. Am anderen Ende standen drei große Bagger und ein großes Schild, von dem sie allerdings nur die Rückseite sah. Wahrscheinlich führte eine Straße von der anderen Seite der Wiese zu den neuen Häusern. Die Bauarbeiten hatten zwar noch nicht begonnen, standen aber offensichtlich unmittelbar bevor. Sara versuchte sich vorzustellen, wie das Gelände später aussehen würde, wenn es voller Häuser, Gärten, Leute, Straßen und Autos sein würde. Im Moment war alles noch so ruhig und friedlich, dass man es sich nur schwer vorstellen konnte.

„Okay, gehen wir“, meinte Robert.

Tief in ihre Gedanken versunken, gingen sie den Weg zurück.

„Wir müssen irgendwie herausfinden, wann der kleine

Junge gestorben ist", sagte Sara nach einer Weile. „Vielleicht helfen uns ja die Kleider weiter, die er getragen hat."

„Euer Haus ist doch schon ziemlich alt, oder?", fragte Zoë. „Das ist bestimmt schon hundert Jahre her oder so."

Robert schüttelte den Kopf. „Das Haus ist zwar schon hundertachtzig Jahre alt, aber ich glaube, die Kleidung des Jungen ist noch nicht so alt. Wie wär's, wenn wir mal in der Bibliothek nachsehen? Die ist hier ganz in der Nähe."

„Hier im Dorf gibt es eine Bibliothek?", fragte Laura erstaunt.

„Ja", nickte Sara. „Sie ist zwar nur ganz klein und soll vielleicht sogar zugemacht werden, aber wenn hier erst ein neues Wohngebiet entsteht, müssten genug Leute hier wohnen, die sie benutzen wollen. Gehen wir."

Am Ende des Fußweges schlug Sara den Weg zur Bibliothek ein. Sie befand sich in einem kleinen Raum im hinteren Teil des Gemeindezentrums. Als sie den Raum betraten und neugierig die Regale musterten, lächelte ihnen eine dicke Bibliothekarin freundlich zu. Zoë und Jake steuerten zielstrebig auf den Bereich mit Kinderbüchern zu, während die anderen die langen Regale mit den Sachbüchern durchstöberten.

Schließlich entdeckte Robert, was sie suchten, und zog mehrere Bände über die Entwicklung der Mode aus dem Regal. Sie breiteten die Bücher auf einem Tisch aus und blätterten sie neugierig durch. Auf den meisten Seiten fanden sie Abbildungen von eleganten Damen in aufwändigen Kleidern. Sara griff nach einem Buch über die Dreißiger- und Vierzigerjahre. Und dann sah sie es plötzlich. Es war ein Bild zweier Jungen mit frechen Gesichtern aus den Vierzigerjahren. Sie trugen knielange Hosen, Hemden und Pullunder, die genau wie die Kleider des Geistes aussahen.

„Ich hab was gefunden! Seht mal hier!“, flüsterte sie aufgeregt. Laura und Robert spähten ihr über die Schulter.

„Er muss also in den Vierzigern gelebt haben“, sagte Robert.

Sara sah auf die Uhr. „Oje, schon so spät. Höchste Zeit, dass wir nach Hause gehen. Mum und Martin wundern sich bestimmt schon, wo wir so lange bleiben.“ Sie ging zu Zoë und Jake hinüber. „Hey, ihr zwei. Wir müssen gehen!“

„Ich will die hier mitnehmen“, erklärte Jake und hob einen Stapel Bilderbücher hoch.

„Du bist vielleicht doof!“, meinte Laura spöttisch. „Du kannst hier keine Bücher mitnehmen. Wir sind hier nicht in unserer Bibliothek.“

Jake blickte enttäuscht auf die Bücher in seinen Händen.

„Ich würde die Sachen ja gerne für dich ausleihen“, seufzte Sara. „Aber ich hab meine Mitgliedskarte nicht dabei. Ich wusste ja vorher nicht, dass wir hierher kommen würden. Komm, ich helfe dir, die Bücher zurück ins Regal zu stellen.“

Jake reichte ihr die Bücher und beobachtete mit düsterer Miene, wie Sara sie wieder an ihren Platz stellte. „Dabei hab ich mich schon so darauf gefreut, dass Dad sie mir vorliest.“

„Hast du denn kein Buch von zu Hause mitgebracht?“, fragte Laura.

Jake brach in Tränen aus. „Hab ich vergessen.“

„Hör auf zu heulen. Du bist doch kein Baby!“, fuhr ihn Laura an.

„Robert und ich haben noch ein paar Bücher von früher“, schaltete sich Sara ein. „Wenn du willst, kannst du dir nachher ein paar davon raussuchen.“

Jake zuckte die Schultern und wischte sich die Tränen mit dem Ärmel ab.

Auf dem Rückweg grübelte Sara über die neuen Erkenntnisse nach. Jetzt hatten sie immerhin schon herausgefunden, wann der Geist ungefähr gelebt hatte. Doch sie wussten immer noch nicht, wer er war, wie er gestorben war und warum er immer wieder am Wochenende in ihrem Garten erschien.

Als Sara am nächsten Morgen erwachte, gingen ihr immer noch die gleichen Fragen durch den Kopf. Nachdenklich blickte sie aus dem Fenster auf den wolkenverhangenen Himmel. Es regnete in Strömen. Sie hatte keine Ahnung, ob der Geist auch im Regen auftauchen würde.

„Ich weiß, ihr wollt unbedingt zu eurem neuen Haus runter, aber ihr werdet klatschnass sein, bis ihr da seid“, sagte Ruth beim Frühstück. „Wollt ihr heute nicht lieber hier im Haus bleiben?“

„Und was machen wir dann?“, fragte Zoë.

„Ich wollte nachher ein bisschen auf dem Speicher aufräumen“, sagte Martin. „Beim Umzug haben wir ein paar Kartons mit alten Sachen von mir hochgestellt, die ich schon lange mal aussortieren wollte. Wenn ihr wollt, könnt ihr mir dabei helfen."

Sara warf Robert einen nachdenklichen Seitenblick zu. „Da oben ist bestimmt alles voller Staub ...", sagte sie zögernd.

„Ich weiß – mein Asthma", seufzte Robert. „Keine Sorge. Ich wollte sowieso noch was am Computer machen. Die letzten Wochenenden bin ich ja kaum zu was gekommen."

„Bist du sicher?", fragte Sara.

Robert nickte.

„Hast du was dagegen, wenn ich mitkomme?", fragte Laura. „In der Schule haben wir immer viel zu wenig Zeit, um am Computer zu arbeiten."

Robert machte ein skeptisches Gesicht. „Wenn du unbedingt willst."

„Na also", sagte Martin. „Und die anderen helfen mir auf dem Speicher, einverstanden?"

Alle nickten. Nachdem Martin eine große Leiter aufgetrieben hatte, kletterte einer nach dem anderen auf den Dachboden. Dort stapelten sich Kartons und Kisten. Der Raum war modrig und feucht. Der Regen trommelte aufs Dach. Neugierig durchstöberten die Kinder die vollgepackten alten Kisten. Dabei stießen sie auf die merkwürdigsten Gegenstände und fragten Martin immer wieder: „Was ist denn das?"

Am interessantesten war ein alter Kricketschläger, ein Fotoalbum mit Bildern von Martin als Teenager und Student, eine Postkartensammlung und eine alte Kriegsmedaille, die von Martins Großvater stammte. Martin bekam ganz glänzende Augen, als er die Sachen in die Hand nahm und ihnen lustige Geschichten aus seiner Kindheit erzählte.

Als Sara eine weitere Kiste öffnete und mehrere Gegenstände hervorzog, erklärte Martin, die Sachen seien nicht von ihm. Sara vermutete, dass sie wohl ihrem Vater gehört haben mussten. Sie wurde schrecklich traurig und wickelte den Tennispokal und die alten Platten schnell wieder ein und legte sie in die Kiste zurück.

Allmählich verloren die Kinder das Interesse. Sie hatten jetzt fast alle Kartons durchgesehen. Da entdeckte Jake in einer dunklen Ecke des Dachbodens eine Kiste, auf der eine dicke Staubschicht lag. Er öffnete sie neugierig und zog ein verstaubtes, in Leder gebundenes Buch hervor. „Was ist das?“, fragte er und reichte Martin das Buch.

Sein Vater warf einen Blick auf den Titel. „*Die Schatzinsel* von Robert Louis Stevenson“, las er laut. „Von mir ist das nicht und so wie das aussieht, liegt das hier schon länger als drei Monate. Das muss noch von den Vorbesitzern stammen.“

„Kann ich mal sehen?“, fragte Sara und Martin reichte ihr das Buch. Zoë und Jake blickten ihr neugierig über die Schulter, während sie langsam die Seiten durchblätterte. Zwischen den groben, vergilbten Textseiten befanden sich mehrere farbige Abbildungen.

„Was ist das für eine Geschichte?“, wollte Jake wissen. „Kannst du sie mir vorlesen, Dad?“

„Sie handelt von einem Jungen, der eine Schatzkarte findet und mit einem Schiff aufs Meer fährt, um nach dem Schatz zu suchen. Und dann stellt sich heraus, dass ein paar der Matrosen in Wirklichkeit Piraten sind“, erklärte Martin. „Das Buch ist ein Klassiker, aber ich glaube, dafür bist du noch ein bisschen zu jung, Jake. Es wurde vor über hundert Jahren geschrieben und die Sprache ist nicht einfach zu verstehen.“

Sara klappte das Buch zu und schlug es wieder vorne auf. Im Buchdeckel entdeckte sie eine Widmung, die sie vorhin beim Durchblättern übersehen hatte.

Für Tom zum achten Geburtstag.
Alles Liebe von deiner Großmutter
und deinem Großvater.
6. *März,* 1940.

Sie las die Zeilen erst leise und dann laut. Ihre Stimme zitterte plötzlich vor Aufregung. Ob er das war? Der Geister-Junge?

„Glaubst du …“, flüsterte Zoë Sara zu und blickte sie mit großen Augen an. Sara legte beschwörend den Finger auf die Lippen und warf Zoë einen warnenden Blick zu. Sie wollte auf keinen Fall, dass Martin etwas von dem Geist mitbekam.

„Bitte, Dad, lies es mir doch vor“, bettelte Jake. „Ich mag Geschichten mit Schatzsuchern und Piraten!“

„Mal sehen“, sagte Martin. „Jetzt gehen wir erst mal runter und waschen uns die Hände. Das Mittagessen ist bestimmt bald fertig. Und dann müssen wir auch schon wieder los. Heute haben wir sowieso keine Zeit mehr dafür. Du kannst es ja mit nach unten nehmen und dann lese ich es dir vielleicht nächstes Wochenende vor. Geht schon mal vor, ich komme gleich nach."

Als die Kinder kurz darauf der Reihe nach die Dachbodenleiter hinunterkletterten, kam ihnen Laura entgegen. „Kommt mal schnell mit in Roberts Zimmer. Wir wollen euch was zeigen!"

„Wir müssen euch auch was zeigen", erwiderte Sara, „aber Robert will bestimmt nicht, dass wir alle in sein Zimmer kommen."

„Klar doch!", entgegnete Laura. „Er hat mir selbst gesagt, dass ich euch holen soll."

Als sie sich in dem kleinen Zimmer um den Computer drängten, sah Robert vom Bildschirm auf. „Wir haben im Internet nach Infos über Geister gesucht und jede Menge Material gefunden. Bilder von Geistern – und hier – alle möglichen Geistergeschichten und wie man zum Beispiel einen Geist exorziert."

„Was heißt das: ‚exerziert'?", fragte Jake.

„Nicht exerzieren, du Dummi!", korrigierte ihn Laura. „Exorzieren. Das ist, wenn man böse Geister vertreibt."

„Ich glaube nicht, dass unser Geist böse ist", wandte Sara zweifelnd ein. „Er ist eher traurig."

Robert klickte mit der Maus auf mehrere Symbole und öffnete eine Seite nach der anderen. „Hier, seht mal! Im Haus dieser Frau fing es plötzlich an zu spuken, als sie an einer Stelle angebaut haben, wo früher mal ein Rosengarten gewesen war. Man hat ihr geraten, einen Rosenbusch neben den Anbau zu pflanzen. Danach kam der Geist nie wieder."

„Das ist ja sehr interessant!", sagte Sara nachdenklich.

„Wenn wir nur wüssten, warum unser Geist immer wieder auftaucht. Vielleicht könnten wir dann etwas für ihn tun und er hätte endlich seinen Frieden."

„Dafür wissen wir jetzt, wie er heißt", verkündete Zoë stolz.

„Na ja, zumindest könnte es sein, dass wir es wissen", korrigierte sie Sara. „Wir haben das Buch hier oben auf dem Speicher gefunden …"

„Ich hab's gefunden!", fiel ihr Jake ins Wort. „Ich hab's gefunden, also gehört es mir. Dad hat gesagt, er liest es mir nächstes Wochenende vor."

„Schon gut", willigte Sara ein. „Jedenfalls ist vorne eine Widmung drin. Darin steht, dass es 1940 ein Junge namens Tom zu seinem achten Geburtstag bekommen hat. Und das Datum passt genau zum Kleiderstil des Geistes. Er hat bestimmt hier gewohnt und ist hier gestorben. Das kann eigentlich nur er sein, meint ihr nicht?"

„Zeig mal her", sagte Laura neugierig und Jake reichte ihr das Buch. Robert beugte sich interessiert nach vorn und sie lasen beide die Widmung.

„Das hier beweist gar nichts. Es sagt uns nur, dass hier 1940 ein achtjähriger Junge namens Tom gelebt hat. Aber das heißt noch lange nicht, dass er auch hier gestorben ist", meinte Robert.

Laura blickte auf. „Ich glaube schon, dass er das war. Er hat hier gelebt und die Jahreszahl und sein Alter passen auch. Das kann kein Zufall sein."

„Essen ist fertig!", ertönte Ruths Stimme von unten.

„Wir müssen bis nächstes Wochenende warten", sagte

Sara. „Aber wenn wir den Geist das nächste Mal sehen, werde ich auf jeden Fall versuchen, mit ihm zu sprechen. Dann wissen wir, ob es wirklich Tom ist.“

7

„Und was machen wir, wenn er nicht da ist?“, fragte Zoë am folgenden Samstag auf dem Weg zum Gartenhaus.

„Er ist bestimmt wieder da“, erwiderte Sara zuversichtlich. „Und wenn wir mit ihm sprechen können, finden wir vielleicht sogar heraus, ob er Tom ist und was er von uns will.“

„Und falls er doch nicht kommt, können wir immer noch zum Friedhof gehen und nachsehen, ob es einen Jungen namens Tom gab, der um 1940 herum gestorben ist“, schlug Laura vor.

Sara warf Zoë einen besorgten Seitenblick zu, doch die schien Lauras Worte gar nicht gehört zu haben. Sie verharrte regungslos zwischen den Bäumen, den Blick starr geradeaus gerichtet. „Da ist er“, flüsterte sie. „Ich glaube, er wartet auf uns.“

Es sah tatsächlich so aus, als würde der Geist auf sie warten. Er stand neben dem Gartenhaus und blickte ihnen mit seinen großen traurigen Augen ungeduldig entgegen. Sara bekam plötzlich Gewissensbisse. Vielleicht hatte er schon letzten Sonntag auf sie gewartet, als sie wegen des Regens oben im Haus geblieben waren.

Sein Körper und sein bleiches Gesicht schienen weniger durchsichtig als bei ihren bisherigen Begegnungen. Einen Moment lang kam er Sara erschreckend real vor. Doch je länger sie ihn ansah, desto transparenter wurde er, bis sie schließlich die Heckenblätter hinter ihm erkennen konnte.

Sara befürchtete schon, er würde erneut verschwinden, noch ehe sie den Mut aufbrachte, ihn anzusprechen. Doch dann beobachtete sie erleichtert, wie die Gestalt des Geistes wieder klarere Konturen annahm.

„Worauf wartest du denn noch?“, wandte sich Laura an sie. „Du wolltest doch unbedingt mit ihm reden. Das ist die Gelegenheit.“

Sara machte zögernd einen Schritt nach vorn. Das Herz schlug ihr bis zum Hals. „Bitte geh nicht weg“, flüsterte sie beschwörend. „Wir wollen dir helfen.“

Der Geist sah sie fragend an. Während sie sich ihm vorsichtig näherte, verschwand und tauchte er ständig wieder auf, als gelänge es ihm nur mit Mühe, sichtbar zu bleiben. Sara zitterte am ganzen Körper. Als sie noch etwa fünf Meter von ihm entfernt war, blieb sie stehen. Näher wagte sie sich nicht heran.

„Ich bin Sara“, sagte sie leise und lächelte nervös. „Bist du … Tom?“ Der Geist runzelte angespannt die Stirn, als könnte er sie nicht richtig verstehen. „Wir haben nämlich ein Buch im Haus gefunden … Da stand der Name Tom drin und das Jahr 1940. Wir dachten, dass es vielleicht mal dir gehört hat … dass du Tom sein musst …“

Der Junge fasste sich an die Ohren und schüttelte traurig den Kopf. Als Sara begriff, dass er sie gar nicht hören konnte, war sie schrecklich enttäuscht. Der Geist öffnete den Mund und gestikulierte wild mit den Händen. Er deutete auf den Himmel, die Hecke, den Boden, auf sie und die anderen. Sara hatte keine Ahnung, was er ihr sagen wollte, und schüttelte hilflos den Kopf. Sie konnte ihn ebenso wenig hören wie er sie. Ihre Worte verloren sich irgendwo in dem Zeitraum, der zwischen ihnen lag.

Der Geist redete immer aufgeregter weiter, doch Sara verstand kein einziges Wort von dem, was er sagte. Jetzt müsste man von den Lippen ablesen können, dachte sie verzweifelt. In ihrer früheren Klasse war ein taubes Mädchen gewesen, das fast alles von den Lippen hatte ablesen können. Der Geist redete immer noch und Sara deutete auf ihre Ohren und schüttelte den Kopf, um ihm zu verdeutlichen, dass sie ihn auch nicht hören konnte.

Der Junge hielt abrupt inne, blickte sie noch einmal mit seinen traurigen Augen an und verschwand.

Sara war am Boden zerstört. Jetzt hatte sie ihn verärgert und er kam vielleicht nie wieder zurück. Enttäuscht trottete sie in ihr Häuschen und ließ sich auf einen Sitzsack fallen.

„Mach dir nichts draus", versuchte Zoë sie zu trösten, als sie ihr in den kleinen Raum folgte. „Das war gerade ganz schön mutig von dir. Ich würde mich nie trauen, mit einem Geist zu reden. Du kannst nichts dafür, dass er dich nicht hören konnte und du ihn auch nicht."

Die anderen betraten leise den Raum und setzten sich schweigend.

„Und dabei war ich mir so sicher, dass ich mit ihm reden kann“, seufzte Sara. „Jetzt kommt er wahrscheinlich nie wieder und wir werden niemals erfahren, wer er ist.“

„Wir können immer noch zum Friedhof gehen“, rief ihr Laura ins Gedächtnis. „Jetzt haben wir immerhin schon einen Namen und eine Jahreszahl. Damit lässt sich bestimmt feststellen, ob er hier begraben ist. Du kannst ja hier bleiben, Zoë, wenn du nicht mitkommen willst.“

„Ich will aber nicht ganz allein hier bleiben“, protestierte Zoë.

„Du brauchst wirklich keine Angst vor dem Friedhof zu haben“, meinte Robert.

„Für uns ist das was anderes“, schaltete sich Sara ein. „Wir sind von klein auf zweimal im Jahr mit Mum auf den Friedhof gegangen, um Dads Grab zu besuchen. Zoë war sicher noch nie auf einem Friedhof.“

„Und wir werden jetzt wahrscheinlich auch nicht mehr hingehen“, erklärte Robert düster.

Sara sah ihn überrascht an. „Wie kommst du denn darauf?“

„Na ja, jetzt wo Mum mit Martin zusammen ist, denkt sie bestimmt nicht mehr an Dad.“

Sara wusste nicht, was sie darauf antworten sollte. So lange sie denken konnte, waren sie am Geburtstag und Todestag ihres Vaters an seinem Grab gewesen. Es war ihr nie in den Sinn gekommen, dass Martins Anwesenheit etwas daran ändern könnte.

„Ach was. Das kann ich mir nicht vorstellen. Mum geht bestimmt auch weiterhin zum Friedhof“, sagte sie unsicher.

Robert zuckte die Achseln und schüttelte den Kopf. „Und warum hat sie dann seine Sachen verkauft, als wir umgezogen sind?"

„Was denn zum Beispiel?", fragte Sara verdutzt.

„Na, sein Klavier."

„Aber von uns kann doch keiner Klavier spielen", entgegnete Sara. „Wozu hätten wir es dann behalten sollen? Und außerdem steht oben auf dem Dachboden noch eine Kiste mit Dads Sachen. Die haben wir letzte Woche gefunden, als Martin oben aufgeräumt hat. Kannst ja selber nachsehen, wenn du willst."

„Ich kann nicht auf den Dachboden. Zu viel Staub, falls du das vergessen haben solltest."

„Mensch, Robert, jetzt stell dich nicht so an. Mum holt dir die Kiste bestimmt runter, wenn du sie darum bittest." Sie warf ihrem Bruder einen ärgerlichen Blick zu und bemerkte entsetzt, dass er den Tränen nahe war.

„Ich muss mal an die frische Luft", erklärte er mit erstickter Stimme und stand abrupt auf. Er stapfte zielstrebig zu den Bäumen hinüber. Zuerst dachte Sara, er würde in sein Zimmer zurückgehen, doch dann sah sie, dass er stehen blieb und sich mit dem Rücken zu ihnen unter einen Baum setzte.

Laura, Zoë und Jake beobachteten Robert schweigend durch die Glastür. Nach einer Weile brach Laura das unbehagliche Schweigen. „Das muss wirklich traurig sein, zum Grab des eigenen Vater zu gehen. Woran ... ist er denn gestorben?"

„Er hatte eine sehr seltene Krebserkrankung", antwortete Sara. „Ich war damals erst drei. Ich kann mich nicht mehr an ihn erinnern, aber Robert schon. Er war damals fünf. Es fällt ihm ziemlich schwer, sich daran zu gewöhnen, dass Martin jetzt bei uns wohnt."

„Das ist für uns auch nicht einfach", bemerkte Laura.

„Ich weiß, tut mir Leid", sagte Sara unbeholfen.

„Mir ist langweilig. Ich hab keine Lust mehr, hier rumzusitzen", erklärte Jake ungeduldig.

„Na gut", sagte Sara. Sie wandte sich zu Zoë um. „Was willst du machen, wenn wir zum Friedhof gehen? Würde es dir helfen, wenn ich dir verspreche, die ganze Zeit deine Hand zu halten?"

Zoë dachte einen Moment über den Vorschlag nach und nickte dankbar.

„Und was ist mit Robert?", fragte Laura.

Sara seufzte. „Ich rede mit ihm. Er kommt bestimmt mit."

Sie trat auf die Wiese vor dem Gartenhaus und ging zu ihrem Bruder.

„Robert", sagte sie leise. Als er sich nicht umdrehte, tippte sie ihm sanft auf die Schulter. „Robert, es tut mir Leid. Bitte sei nicht böse. Wir gehen jetzt zum Friedhof. Kommst du mit?"

Robert sah mit dumpfem Blick zu ihr hoch. „Und was ist mit Zoë?", fragte er nach einer kurzen Pause.

„Sie kommt auch mit. Ich hab versprochen, sie an der Hand zu halten", antwortete Sara.

„Na gut. Ich komme", sagte Robert. Er stand auf und streckte sich gähnend.

Die anderen gesellten sich zu ihnen und gemeinsam gingen sie zum Haus zurück, um Ruth und Martin zu sagen, dass sie einen kleinen Spaziergang machen wollten. Dann folgten sie dem Weg, der zur Dorfmitte führte. Nach fünf Minuten erreichten sie den Friedhof.

„Hier ist es aber unheimlich“, flüsterte Jake, als sie durch das Tor traten. „So viele tote Leute.“

„Sei still!“, zischte Zoë und griff nach Saras Hand.

Während Zoë nicht von Saras Seite wich, verteilten sich die anderen auf dem Friedhof und sahen sich die Grabsteine an. Manche Steine waren so alt und verwittert, dass man nicht einmal mehr die Inschrift lesen konnte. Die restlichen Grabsteine stammten alle aus der Zeit zwischen 1800 und 1950. Sara war erstaunt, wie viele Kindergräber es vor allem mit älteren Steinen gab.

Trotzdem entdeckten sie und Zoë keinen einzigen Grabstein mit dem Namen Tom oder Thomas. Und das Grab eines achtjährigen Jungen, der um 1940 gestorben war, konnten sie auch nirgends finden.

Während sie langsam zwischen den Gräbern hindurchschritten, dachte Sara voller Trauer an all die Kinder, die so jung gestorben waren. Sie fröstelte und spürte, wie sich Zoës Griff um ihre Hand verstärkte. Über dem Friedhof lag eine düstere und unheimliche Atmosphäre. Sara hatte plötzlich das ungute Gefühl, dass der Geist oder gar sämtliche Geister der toten Kinder jeden Moment vor ihnen auftauchen könnten.

„Buuuuh!“

Sara und Zoë zuckten erschrocken zusammen.

„Ha, ha. Euch hab ich aber schön erschreckt!“, rief Jake triumphierend und sprang hinter einem Grabstein hervor.

„Blödmann!“, knurrte Zoë.

„Hier kann man bestimmt super Versteck spielen“, fuhr Jake ungerührt fort. „Wetten, dass du mich hier nie findest, Zoë!“

„Klar finde ich dich“, widersprach Zoë. „Aber mich würdest du nie finden!“

„Na los, dann versteck dich doch!“, entgegnete Jake übermütig. „Aber du traust dich ja nicht einmal, Saras Hand loszulassen.“

Zoë ließ augenblicklich Saras Hand los. „Hör nicht auf den kleinen Angeber“, sagte Sara. „Außerdem sind wir hier, um nach Toms Grab zu suchen, und nicht, um Versteck zu spielen.“

„Ist schon gut“, sagte Zoë abwehrend. „Ich hab keine Angst, Jake. Mach die Augen zu und zähl bis zwanzig und ich verstecke mich solange. Pass auf, dass er nicht schummelt, Sara.“

Ehe Sara etwas sagen konnte, schlich Zoë schon zum anderen Ende des Friedhofs, während Jake mit den Händen über den Augen laut zählte.

„Habt ihr schon was gefunden?“, fragte Laura und kam zu ihnen zurück. Sara schüttelte den Kopf. Robert trat ebenfalls zu ihnen.

„Ich hab zwar ein paar Grabsteine gesehen, auf denen Tom oder Thomas stand, aber die waren alle von Erwachsenen“, sagte Laura. „Was ist mit dir, Robert?“

„Nichts.“

„Vielleicht haben wir das Grab übersehen“, überlegte Sara stirnrunzelnd. „Wenn er in unserem Haus gewohnt hat, dann hat man ihn bestimmt auch hier begraben. Kommt, wir schauen noch einmal genau nach.“

Gemeinsam mit Laura und Robert schritt Sara ganz konzentriert die Gräberreihen ab, während Zoë unbeschwert mit Jake Verstecken spielte. Ihre Angst hatte sie offenbar vergessen.

„Mir war gar nicht klar, dass früher so viele Kinder gestorben sind“, sagte Sara, als sie an ein paar Kindergräbern vorbeikamen „Wahrscheinlich hatten sie damals noch nicht so gute Medizin wie heute …“

„Und wie gehen wir jetzt weiter vor?“, fiel ihr Laura ins Wort. „Das hier hilft uns offensichtlich auch nicht weiter. Wir haben jetzt überall nachgesehen und kein einziges Grab von einem Tom im richtigen Alter gefunden.“

„Und ich kann Zoë nirgends finden!“, rief Jake atemlos und rannte zu ihnen. „Ich hab überall nach ihr gesucht. Aber sie ist nirgends.“

„Ach was. Irgendwo muss sie ja sein“, sagte Laura schroff. „Wahrscheinlich hast du sie nur nicht richtig gesucht.“

„Doch!“, widersprach Jake. „Hat denn keiner von euch gesehen, wo sie sich versteckt hat?“

Aber darauf hatte keiner von ihnen geachtet. Sie sahen sich schweigend um. Auf dem Friedhof war es totenstill. Von Zoë fehlte jede Spur.

„Zoë!“, rief Laura ungeduldig. „Du kannst jetzt wieder rauskommen! Das Spiel ist vorbei. Wir sind hier schließlich nicht auf dem Spielplatz! Wir gehen jetzt. Also komm schon aus deinem Versteck oder willst du etwa allein hier bleiben, wenn es dunkel wird!“

Nichts rührte sich.

„Kommt, wir gehen“, sagte Laura. „Wenn sie sieht, dass wir wirklich verschwinden, kommt sie garantiert gleich angerannt.“

„Ich weiß nicht. Wir sollten lieber nach ihr suchen“, protestierte Sara. „Vielleicht ist sie ja hingefallen oder so …“

„Glaub mir, dann hätten wir sie längst gehört“, winkte Laura ab. Trotzdem gingen sie noch einmal zwischen den Gräbern auf und ab.

„Hier hab ich schon überall gesucht“, erklärte Jake. „Glaubt mir, da ist sie nicht. Bestimmt ist der Geist gekommen und hat sie mitgenommen!“ Er marschierte aufgeregt vor ihnen her.

„Red keinen Unsinn, Jake!“, brummte Laura und verdrehte die Augen.

„Komm schon raus, Zoë!“, rief Robert ärgerlich.

Immer noch nichts.

„Buuuuuh!“ Mit einem lauten Schrei landete Zoë genau vor Jakes Füßen. Der Fünfjährige machte einen erschrockenen Satz nach hinten und setzte sich rückwärts auf den Hosenboden.

„Ha, ha! Diesmal hab ich dich schön erschreckt, was?“, rief Zoë triumphierend und zeigte mit dem Finger auf Jake. „Ich hab dir doch gleich gesagt, dass du mich nicht findest!“

„Na und! Dann versteck ich mich jetzt eben und du

musst mich suchen", erklärte Jake trotzig. Seine Stimme klang lange nicht mehr so selbstsicher wie noch vor wenigen Minuten.

„Von wegen!", schaltete sich Laura in den Streit ihrer Geschwister ein. „Wir gehen jetzt."

Sara war froh, dass Zoë wieder aufgetaucht war, und ihre Gedanken kehrten zu dem kleinen Geisterjungen zurück. „Findet ihr es nicht auch komisch, dass hier kein Junge namens Tom im richtigen Alter begraben liegt?"

„Vielleicht ist er doch nicht der Geist von Tom", meinte Robert. „Ich geb's auf. Das macht alles keinen Sinn."

„Aber wir können jetzt doch nicht einfach aufgeben!", rief Sara entsetzt. „Der Junge will uns etwas sehr Wichtiges sagen. Da bin ich mir ganz sicher. Wir müssen etwas unternehmen."

„Und das wäre?", fragte Laura.

Sara dachte fieberhaft nach. „Wir könnten ja noch mal in die Bibliothek gehen. Vielleicht gibt es dort ein Archiv oder so was mit Aufzeichnungen über den Ort. Wir sollten herausfinden, wer damals in unserem Haus gewohnt hat. Wir fragen einfach die Frau in der Bibliothek, die macht einen ganz netten Eindruck."

„Das mit dem Geist glaubt die uns nie", meinte Jake.

„Davon sagen wir ihr auch nichts, du Dummi", erwiderte Laura genervt. „Wir sagen einfach, dass wir für die Schule einen Aufsatz über den Ort hier schreiben sollen. Versuchen können wir's ja."

In der Bibliothek waren nur die Bibliothekarin und ein Mann, der in einer Ecke in eine Zeitung vertieft war. Als sie an den Tisch der pummeligen Frau traten, sah sie lächelnd auf.

„Guten Tag. Wir schreiben für die Schule einen Aufsatz über das Dorf und wollten Sie fragen, ob Sie uns vielleicht weiterhelfen könnten?“, begann Sara. „Wir wohnen in Haus Nummer fünf in der Lor’s Lane und würden gerne herausfinden, wer früher in dem Haus gewohnt hat. Am meisten interessieren uns die Dreißiger- und Vierzigerjahre.“

Die Frau musterte sie nachdenklich. „Tja, so lange wohne ich auch noch nicht hier, deshalb kann ich persönlich euch nicht weiterhelfen. Aber in unserem Archiv haben wir ein Kirchenregister, das könnte euch vielleicht weiterhelfen. Oder ihr fragt einfach mal Mr Allen, den Mann da drüben mit der Zeitung. Der ist, soweit ich weiß, hier aufgewachsen. Vielleicht erinnert er sich noch an die Bewohner.“

Sara sah neugierig zu dem Mann hinter der Zeitung hinüber. Beim Umblättern erhaschte sie einen kurzen Blick auf ihn. Er hatte ein strenges Gesicht, graues Haar und einen buschigen Schnurrbart.

„Ich würde trotzdem gern einen Blick in das Kirchenregister werfen“, bat Robert.

„Natürlich, gern“, antwortete die Bibliothekarin, „aber ihr müsst euch einen Augenblick gedulden. Das muss ich erst heraussuchen und das kann schon ein paar Minuten dauern.“

„Kein Problem“, sagte Robert. „Ich warte gerne.“

Typisch Robert, dachte Sara. Ihr Bruder steckte lieber die Nase in ein Buch oder eine Zeitschrift, anstatt mit jemandem zu reden. „Dann spreche ich mit Mr Allen“, erklärte sie. „Kommst du mit, Laura?“

Laura nickte. Zoë und Jake hatten sich längst in die Ecke mit den Kinderbüchern verzogen.

„Entschuldigen Sie“, begann Sara nervös, als sie vor Mr Allen standen. Der Mann ließ die Zeitung sinken und blickte mit gerunzelter Stirn auf.

„Wir ... ähm ... würden Sie gern was fragen“, fuhr sie fort. „Wir schreiben gerade einen Schulaufsatz über den Ort und die Bibliothekarin hat gemeint, Sie wären hier aufgewachsen ...“

Der strenge Gesichtsausdruck wich einem freundlichen Lächeln. „Allerdings. Ich kann euch gerne erzählen, wie es früher in Hennington Wick so war“, antwortete er mit tiefer, kratziger Stimme. „Was genau wollt ihr denn wissen?“

Er legte die Zeitung auf den Tisch und sah sie aufmerksam an.

„Wissen Sie zufällig, wer früher in Haus Nummer fünf in der Lor's Lane gewohnt hat?“, fragte Sara ohne Umschweife.

„In der Lor's Lane?“, wiederholte der alte Mann mit hochgezogenen Augenbrauen. „So ein Zufall! Da hab ich früher selbst mal gewohnt. In Haus Nummer neun! Da bin ich aufgewachsen. Wohnt ihr jetzt dort?“

Sara nickte. In ihrem Magen kribbelte es. Wenn Mr Allen in der Lor's Lane aufgewachsen war, hatte er Tom bestimmt gekannt.

„Wissen Sie, ob damals in unserem Haus Kinder gewohnt haben?“, fragte Laura neugierig.

„Also, ich bin 1930 geboren. Damals wohnten die Coopermans in Haus Nummer fünf, das war ein älteres Ehepaar. Ihre Kinder waren schon erwachsen und wohnten nicht mehr dort."

Sara seufzte enttäuscht. Wenn damals keine Kinder im Haus gewohnt hatten, wer war dann dieser Tom, dem das Buch gehört hatte, und wer war der Geist?

„Wir haben auf unserem Dachboden ein Buch mit einer Widmung von 1940 für einen Jungen namens Tom gefunden und haben gedacht, dass er früher bestimmt dort gewohnt hat", berichtete Sara. „Kannten Sie zufällig einen Jungen, der so hieß?"

Sie hatte die Hoffnung schon fast aufgegeben, dass Mr Allen ihnen weiterhelfen konnte. Doch als sie aufblickte, sah sie, wie plötzlich alle Farbe aus seinem Gesicht gewichen war.

„Tom", flüsterte er. „Aber natürlich ... natürlich erinnere ich mich noch an Tom."

8

„Aber Sie haben doch gerade gesagt, in dem Haus hätten keine Kinder gewohnt“, sagte Laura erstaunt.

Mr Allen nickte. „Tom hat ja auch nicht dort gewohnt.“

Sara wollte ihm gerade eine Frage stellen, als sie Robert mit einem Stapel Unterlagen aus dem Nebenraum kommen sah. Sie winkte ihn aufgeregt zu sich.

„Stell dir vor, Mr Allen hat Tom gekannt! Aber Tom hat gar nicht in unserem Haus gewohnt.“

Als Zoë Toms Namen hörte, trat sie mit großen Augen zu ihnen. Jake blätterte versunken in einem Bilderbuch.

„War Tom vielleicht ein evakuiertes Kind?“, fragte Robert.

Zoë sah ihn verwirrt an. „Was ist das, ein vakuiertes Kind?“

„Während des Krieges hat man Kinder aus den Städten evakuiert“, erklärte Robert. „Das heißt, man hat sie aufs Land geschickt, weil es dort sicherer war. In den Unterlagen hier steht, dass 1939 ein paar Kinder aus London hierher gekommen sind, und ich dachte, Tom wäre vielleicht eines von ihnen gewesen."

Mr Allen schüttelte den Kopf. „Stimmt, wir hatten ein paar evakuierte Kinder hier im Dorf. Und wenn ich mich recht entsinne, waren bei den Coopermans zu Beginn des Krieges zwei Mädchen untergebracht. Die hatten allerdings solches Heimweh, dass ihre Mutter sie nach ein paar Wochen wieder mit nach Hause geholt hat."

„Und was war mit Tom?", fragte Sara. „Wer war er und was ist mit ihm passiert?"

Mr Allen runzelte die Stirn und sein Blick verharrte einen Augenblick auf Zoës neugierigem Gesicht. „Das ist eine ziemlich tragische Geschichte. Ich weiß nicht, ob ich die euch erzählen kann. Seid ihr sicher, dass ihr das wissen wollt?"

„Bitte, erzählen Sie uns, was passiert ist", bat ihn Sara.

„Tom war etwas jünger als ich. Ich hab nur ein paarmal mit ihm gespielt. Er war der Enkel der Coopermans. Seine Mutter und er sind meistens übers Wochenende hierher gekommen."

„Übers Wochenende", wiederholte Sara und wechselte einen viel sagenden Blick mit Laura.

Mr Allen legte die Stirn in Falten und fuhr dann fort: „Unter der Woche wohnten sie in Hanstowe Town. Toms Mutter hat in einer Waffenfabrik gearbeitet und sein Vater war in der Royal Air Force."

„Also bei der Luftwaffe", vervollständigte Robert für Zoë.

„Tom war sehr stolz auf seinen Vater", erzählte Mr

Allen. „Zu uns Dorfkindern hat er nie richtig dazugehört. Er war ein Außenseiter – so wie die Evakuierten – die hatten ihre eigene Clique. Einige von denen waren nicht gerade zimperlich. Wie gesagt, ich hab nur ein paar mal mit Tom gespielt. Er war irgendwie komisch. Hinter eurem Haus ist doch ein ziemlich großer Garten mit Apfelbäumen, nicht wahr? Ja, jetzt erinnere ich mich wieder. Einmal wollte ich dort ein paar Äpfel stehlen. Die sahen so lecker und saftig aus, aber als ich dann in einen hineingebissen hab, hat's mir beinahe die Schuhe ausgezogen, so sauer waren die! Das waren Kochäpfel, versteht ihr?" Mr Allen lachte heiser.

„Und was war jetzt mit Tom?", fragte Laura noch etwas ungeduldiger.

„Ach ja, genau. Obwohl der Garten so groß war, war er Tom immer noch nicht groß genug. Er hat mir eine Lücke in der Hecke gezeigt, durch die man hindurchkriechen konnte. Dahinter befand sich eine große Wiese und da haben wir dann gespielt."

„Sie meinen bestimmt die Wiese, auf der jetzt ein neues Wohngebiet entstehen soll", sagte Robert.

„Ganz genau", seufzte Mr Allen. „In den letzten Jahren hat sich hier sehr viel verändert. Früher war das Dorf nur halb so groß. Jedenfalls habe ich mit Tom gespielt, bis ich in die Dorfclique integriert war, und dann hab ich fast nur noch mit den anderen gespielt. Es war zwar immer noch Krieg, aber abgesehen von den Fliegeralarmübungen, bei denen wir in die Luftschutzbunker mussten, und der Verdunklung haben wir Kinder nicht viel vom Krieg mitbekommen. Es muss so Anfang September 1940 gewesen sein. Ich war damals zehn und Tom war, glaube ich, acht. Da hat mir meine Mutter erzählt, dass Toms Vater bei einem Einsatz ums Leben gekommen war. Er tat mir wirklich Leid. Meine Mutter sagte, ich solle am nächsten Wochenende zu ihm gehen und mit ihm spielen. Also bin ich zu ihm hin. Tom schien einfach nicht wahrhaben zu wollen, was geschehen war. Er war immer noch felsenfest davon überzeugt, dass sein Vater zurückkommen würde. Er wartete darauf, dass sein Vater mit seinem Flugzeug über dem Haus vorbeiflog und ihm zuwinkte. Ich wusste nicht, was ich sagen sollte. Und eine Woche später ist es dann passiert: Ich war zu Hause, als ich plötzlich eine Explosion in unserer Straße hörte. Sie war so stark, dass der Boden unter meinen Füßen bebte! Später hat sich dann herausgestellt, dass sich ein deutscher Bomber auf dem Weg zum Flugplatz von Cranley verflogen hatte. Als er von einem unserer Flugzeuge entdeckt wurde, hat er schnell seine Bombe abgeworfen und ist geflohen. Tom muss das Flugzeug gesehen und geglaubt haben, es sei sein Vater. Er rannte dem Flugzeug quer durch den Garten hinterher und hinter dem Obstgarten hat ihn dann die Bombe erwischt. Sie ist direkt auf ihn gefallen. Er war sofort tot. Es war die einzige Bombe, die jemals in Hennington Wick gefallen ist, und ausgerechnet die musste Tom töten."

„Wie schrecklich", sagte Sara.

Mr Allen nickte.

„Wissen Sie zufällig, was das genau für ein Flugzeug war, ich meine, der deutsche Bomber?", fragte Robert.

Sara funkelte ihn wütend an. Wie konnte ihr Bruder nur so unsensibel sein?

Mr Allen schüttelte den Kopf. „Die evakuierten Kinder, die damals zu uns ins Dorf kamen, als die Luftangriffe auf London geflogen wurden, waren richtige Flugzeugexperten. Sie führten genaue Listen mit allen Flugzeugen, die sie schon mal gesehen hatten. Aber wisst ihr, wir haben hier nie Flugzeuge zu sehen bekommen. Ich hab nicht einmal dieses eine gesehen."

„Wahrscheinlich war es eine Heinkel. Die waren im Krieg ziemlich verbreitet", sagte Robert. „Oder eine Dornier oder Junkers. Die Ju88 waren die besten."

„Robert!", fuhr ihn Sara an. „Wie kannst du jetzt nur an deine blöden Flugzeuge denken! Nach dem, was dem armen Tom zugestoßen ist!"

„Wir standen alle unter Schock, das könnt ihr mir glauben", fuhr Mr Allen fort und schüttelte traurig den Kopf. „Seine arme Mutter! Erst hat sie ihren Mann verloren und dann eine Woche später auch noch ihren kleinen Sohn. Armer Tom, zuerst sein Vater und dann er selbst – wirklich tragisch."

„Das ist aber eine traurige Geschichte", sagte Zoë mit erstickter Stimme. Sara legte tröstend den Arm um sie.

„Tut mir Leid, aber ich habe euch ja gewarnt", sagte der alte Mann. Er zog ein zusammengefaltetes Taschentuch aus seiner Jackentasche und reichte es Zoë, die sich dankbar die Tränen abwischte.

„Über den Vorfall steht bestimmt auch was in den Dorfunterlagen", fügte er hinzu und deutete auf die Dokumente, die Robert mitgebracht hatte. „Ich muss jetzt leider gehen. Meine Frau wundert sich bestimmt schon, wo ich so lange bleibe. Jedenfalls viel Erfolg für euren Aufsatz."

„Danke", antworteten die Kinder im Chor.

„Jetzt wissen wir endlich, was passiert ist!", meinte Sara aufgeregt, nachdem er gegangen war. „Jetzt wissen wir, wer der Geist war und was ihm zugestoßen ist und warum er nur an den Wochenenden erscheint."

„Er war genau wie wir auch immer am Wochenende hier", sagte Zoë.

„Mal sehen, ob wir in den Unterlagen noch mehr darüber herausfinden", sagte Robert gespannt.

„Du meinst zum Beispiel, was für ein Flugzeugtyp das war", bemerkte Laura spöttisch.

Robert ignorierte die Bemerkung.

„Wir machen in fünf Minuten zu", verkündete die Bibliothekarin, als sie sah, wie sich die vier interessiert über die Dokumente beugten.

Sara sah auf die Uhr. „Oje, wir sind schon eine Ewigkeit hier. Mum und Martin fragen sich bestimmt schon, wo wir so lange bleiben. Ich glaube, wir sollten besser gehen."

„Warte mal … hier … ich hab was gefunden!", rief Robert aufgeregt.

Sara spähte über Roberts Schulter und las die Passage, auf die ihr Bruder zeigte.

„Der Pfarrer und die Gemeindemitglieder von Hennington Wick drücken Mr und Mrs Cooperman aus der Lor's Lane Nummer fünf und ihrer Tochter

Margaret ihr Beileid zum tragischen Tod ihres achtjährigen Enkels bzw. Sohnes Thomas Sedgewick aus. Das Unglück geschah am 5. September 1940. Inzwischen haben wahrscheinlich alle von dem tragischen Unglück erfahren, das sich vor vierzehn Tagen in unserem Dorf zugetragen hat. Als ein verirrter He-111-Bomber von einer Spitfire auf Patrouillenflug entdeckt wurde, warf er seine Last ab und flüchtete. Die Bombe landete im Garten des Hauses der Familie Cooperman und tötete den kleinen Thomas auf der Stelle. Und das nur eine Woche, nachdem sein Vater im Krieg gefallen war. Die He 111 wurde verfolgt und über Fenfold Hill abgeschossen. Es gab keine Überlebenden."

„Also doch eine Heinkel, wusste ich's doch", sagte Robert. „Immerhin haben sie die Maschine noch erwischt."

„Ich find Kriege schrecklich", erklärte Zoë schaudernd.

„Tut mir Leid, aber ich muss jetzt wirklich Schluss machen", rief die Bibliothekarin.

„Jake, wir gehen", wandte sich Laura an ihren Bruder, während Robert die Unterlagen zusammensammelte und der Bibliothekarin zurückgab.

Jake eilte mit einem Buch unterm Arm zu ihnen.

„Wir haben dir doch letztes Mal schon erklärt, dass du keine Bücher mitnehmen kannst", sagte Laura gereizt.

„Aber das ist gar nicht für mich, sondern für Robert", verteidigte sich Jake. „Schau mal, Robert, das hab ich für dich gefunden: ein Buch über Flugzeuge."

„Danke", sagte Robert nicht sonderlich interessiert. Er nahm Jake das Buch aus der Hand und blätterte darin, um nicht unhöflich zu sein. „Hey, das ist gar nicht so übel. Weißt du was, wir fragen die Frau, ob sie das Buch zurücklegen kann, und beim nächsten Mal bringe ich meine Mitgliedskarte mit und dann leihen wir es uns aus."

Jake strahlte übers ganze Gesicht.

Als sie aus der Bücherei traten, war es bereits fünf Uhr und wurde langsam dunkel.

„Los, komm an meine Hand", sagte Laura und griff nach Jakes Arm.

„Lass mich", widersprach Jake und machte sich von ihr los. „Ich will lieber mit Robert gehen."

Robert grinste. „Na gut. Dann komm mal her."

Während die fünf die Straße entlanghasteten, begann es zu nieseln. Kurz vor dem Haus ging der Nieselregen schlagartig in strömenden Regen über.

„Oje!", rief Zoë und lief zum Tor. „Wir werden ja ganz nass."

Sie rannten die letzten Meter und waren froh, als sie endlich ins Trockene und Warme kamen. Martin empfing sie mit erleichterter Miene und Ruth eilte zu ihnen in den Flur.

„Wo wart ihr denn so lange?", fragte Saras Mutter. „Wir wollten euch gerade suchen gehen."

„In der Bücherei", antwortete Jake. „Ich hab ein Buch für Robert gefunden und nächstes Mal nimmt er seine Karte mit und leiht es sich aus."

Martin sah die Kinder überrascht an. „In der Bücherei?", wiederholte er. „Darauf wäre ich nicht gekommen …"

„Ja, aber vorher waren wir noch spazieren“, unterbrach ihn Sara. „Wir waren nur kurz dort.“

Ruth schüttelte den Kopf und seufzte. „Dann macht mal, dass ihr aus den nassen Sachen rauskommt. Ich mach euch solange was Heißes zu trinken.“

„Genau“, sagte Martin und half Zoë aus der triefnassen Jacke. „Und dann machen wir es uns im Wohnzimmer gemütlich. Ich hab euch noch gar nicht richtig gesehen, seit ihr hier seid.“

„Hoffentlich hört es bis morgen wieder auf zu regnen“, sagte Sara, als sie ihre nassen Jacken im Bad aufhängten. „Wir müssen unbedingt Tom wieder sehen und ihm klar machen, dass wir wissen, wer er ist und was passiert ist. Er sah heute Nachmittag so verzweifelt aus. Es wäre schrecklich, wenn wir bis nächstes Wochenende warten müssten.“

„Nächstes Wochenende kommen wir sowieso nicht“, bemerkte Laura.

Sara blickte sie überrascht an. „Was soll das heißen, ihr kommt nicht?“

„Erstens ist Jake zu einer Geburtstagsparty eingeladen und zweitens …“

„Ja, stell dir vor, wir sollen uns alle verkleiden und ich gehe als Pirat!“, rief Jake aufgeregt dazwischen.

„Und zweitens mache ich bei einem Schulkonzert mit“, fuhr Laura fort. „Oh, gut dass ich daran denke, darüber muss ich noch unbedingt mit Dad sprechen.“

„Was spielst du denn für ein Instrument?“, wollte Robert wissen.

„Trompete.“

„Das ist ja cool!“, meinte Robert.

Sara war ebenfalls beeindruckt. Doch vor allem war sie enttäuscht, dass sie nächstes Wochenende ohne Martins Kinder verbringen musste. Sie würde sich bestimmt schrecklich langweilen. Und was war mit dem Geist?

Nachdem sie sich umgezogen hatten, gingen sie nach unten ins Wohnzimmer. Ruth und Martin brachten heißen Tee und Kekse und die Kinder ließen sich erschöpft auf das Sofa und die Sessel fallen. Sara war hundemüde und ihr Kopf immer noch voller Fragen.

„Dad? Wann liest du mir eigentlich das Buch mit der Schatzinsel vor?“, wandte sich Jake an seinen Vater.

„Das kann ich ja vor dem Schlafengehen machen.“

„Ich will aber, dass du es mir jetzt vorliest. Bitte, Dad!“ Jake stellte sich auf die Zehenspitzen, angelte das in Leder gebundene Buch aus dem Regal und legte es Martin auf den Schoß. „Du musst es mir jetzt sofort vorlesen.“

„Aber die anderen interessiert die Geschichte vielleicht gar nicht.“

„Mach ruhig, Dad“, sagte Zoë.

„Ja“, pflichtete ihr Laura bei. „Es ist schon eine Ewigkeit her, seit du uns was vorgelesen hast, und *Die Schatzinsel* hab ich noch nie gelesen.“

Martin warf Sara und Robert einen fragenden Blick zu. Sara nickte begeistert. Robert zuckte die Schultern. „Von mir aus. Im Fernsehen kommt sowieso nichts.“

„Na gut“, sagte Martin. Er lächelte Ruth zu und klappte das Buch auf.

„Warte!“, rief Jake. „Ich hol nur noch schnell meinen Teddy. Der will die Geschichte auch hören.“

Während sie auf Jake warteten, kreisten Saras Gedanken erneut um den Geisterjungen. Wer weiß, vielleicht hatten Toms Großeltern ihm das Buch auch hier im Wohnzimmer vorgelesen? Sie versuchte sich vorzustellen, wie es hier wohl früher einmal ausgesehen haben mochte. Die Tapete war vielleicht geblümt gewesen und auf dem Boden hatte ein Teppich mit orientalischem Muster gelegen. Damals hatte es keinen Fernseher, keinen CD-Player und keinen Videorecorder gegeben. Ein Leben ohne Fernseher – das konnte sich Sara kaum vorstellen.

Jake kehrte mit seinem Teddy im Arm zurück und kuschelte sich neben Martin aufs Sofa. Zoë saß auf Martins anderer Seite.

„Wenn ihr was nicht versteht, müsst ihr Bescheid sagen“, meinte Martin. „Damals haben die Menschen ganz anders geredet als wir heute.“

Dann begann er zu lesen. Zuerst fiel es Sara schwer, sich auf die Geschichte zu konzentrieren. Immer wieder schweiften ihre Gedanken ab und kehrten zu Tom zurück. Doch schon bald hatte die spannende Geschichte alle in ihren Bann gezogen. Martin benutzte für jede Person eine andere Stimme: für den Jungen Jim Hawkins, den alten Kapitän und Dr. Livesey. Wenn sie sprachen, bewegte er seine Schultern und Hände – fast wie bei einem Theaterstück.

Sara war begeistert. Martin las die Geschichte so dramatisch und lebendig vor, dass selbst Jake verstand, worum es ging. Sara erinnerte sich an die Fotos, die ihnen Martin von seiner Studienzeit gezeigt hatte. Damals hatte er leidenschaftlich gern Theater gespielt und war bestimmt ein guter Schauspieler gewesen.

„Sollen wir hier für heute aufhören?", fragte Martin am Ende des ersten Kapitels.

„Bitte nicht!", flehte Jake. „Lies noch weiter!"

Die anderen nickten zustimmend und Martin tat ihnen den Gefallen. Erst als nach dem sechsten Kapitel seine Stimme schon ganz heiser klang, klappte er das Buch zu.

„Wie geht die Geschichte aus, Dad?", rief Jake aufgeregt. „Bitte sag es mir."

„Das wird nicht verraten. Wenn ihr nächstes Mal hier seid, lesen wir weiter", antwortete Martin lächelnd.

„Ich hätte auch gern eine Schatzkarte", sagte Jake sehnsüchtig. „Und dann würde ich den Schatz mit dem Schiff finden. Das wäre toll."

„Aber heute nicht mehr", erklärte Martin augenzwinkernd. „Jetzt gibt es erst mal Abendessen und dann geht es ab ins Bett. Es ist schon spät."

Beim Abendessen erinnerte Laura ihren Vater daran, dass sie nächstes Wochenende nicht kommen konnten. „Ich hab doch Schulkonzert. Du kommst doch auch, oder?"

Martin legte die Stirn in Falten. „Tut mir Leid, mein Schatz. Als deine Mutter mir gesagt hat, dass ihr nächstes Wochenende nicht kommt, haben wir beschlossen, Ruths Eltern zu besuchen. Ich hatte keine Ahnung, dass du ein Konzert hast. Aber Mum geht doch bestimmt hin."

„Aber du sollst auch kommen!“, erwiderte Laura. „Du musst dich ja nicht neben Mum setzen, wenn du nicht willst. Bitte, Dad!“

Robert sah Martin überrascht an. „Wir fahren nächstes Wochenende zu Oma und Opa? Davon weiß ich ja noch gar nichts. Toll, dass ich das auch mal erfahre. Hast du das gewusst, Sara?“

Sara schüttelte den Kopf.

„Tut mir Leid“, sagte Ruth. „Ich dachte, ich hätte es euch gesagt, aber ich muss es wohl vergessen haben. Freut ihr euch nicht, die beiden mal wieder zu sehen? Wir waren schon seit einer Ewigkeit nicht mehr dort.“

„Aber da musst du ja nicht mitfahren, Dad, oder?“, protestierte Laura.

„Tut mir Leid. Jetzt haben wir schon alles abgemacht“, sagte Martin. „Ruths Eltern erwarten uns. Vielleicht beim nächsten Mal, Laura.“

Lauras Gesicht färbte sich dunkelrot. „Das ist gemein!“, rief sie aufgebracht. „Warum kann nicht wieder alles so wie früher sein?“ Dann sprang sie auf und stürmte wutentbrannt aus dem Zimmer.

„Laura! Komm zurück!“, rief Martin und folgte ihr.

Laura weigerte sich, mit Martin oder jemand anderem zu sprechen, und verkroch sich schmollend im Bett. Entsprechend angespannt war die Atmosphäre und Sara war froh, als es endlich Schlafenszeit war. Sie lag mit offenen Augen im Bett und lauschte unglücklich auf den Regen, der gegen das Fenster prasselte. Warum konnten nicht einfach alle glücklich sein? Als Martin ihnen aus der *Schatzinsel* vorgelesen hatte, war es so gemütlich gewesen, wie bei einer richtigen Familie. Und jetzt hatte Laura mit ihrem Wutausbruch wieder alles verdorben.

Nächstes Wochenende kamen Martins Kinder nicht zu ihnen und sie und Robert würden auch nicht da sein. Warum hörte es nicht endlich auf zu regnen? Und zu allem Unglück wusste sie nicht einmal, wie sie sich mit dem Geist verständigen sollte, wenn sie ihn das nächste Mal sahen. Sara hätte heulen können.

„Sara, bist du noch wach?“, flüsterte Zoë.

„Ja, was ist denn? Hast du ins Bett gemacht? Soll ich dir was helfen?“, flüsterte Sara zurück.

„Nein“, antwortete Zoë. „Das ist es nicht. Letztes Wochenende hab ich auch nicht ins Bett gemacht, weißt du noch? Und zu Hause ist es mir letzte Woche nur einmal passiert.“

„Na also“, sagte Sara. Sie schwieg einen Moment und lauschte auf Lauras regelmäßige Atemzüge. „Zoë, meinst du, Laura findet es wirklich so schrecklich, hierher zu kommen?“

„Ich weiß nicht. Ich kann sie ja mal fragen. Ich komme jedenfalls gern zu euch. Am liebsten würde ich nächstes Wochenende auch kommen, aber nur wegen mir lohnt sich der weite Weg für Dad nicht.“

„Ja, das wäre schön, aber wir fahren ja sowieso zu unseren Großeltern“, rief ihr Sara ins Gedächtnis. „Wenn wir

Tom morgen nicht sehen, müssen wir zwei ganze Wochen warten."

„Das mit Tom ist wirklich traurig, findest du nicht?", sagte Zoë. „Ich bin froh, dass kein Krieg mehr ist. Das mit den Flugzeugen und Bomben war damals bestimmt schrecklich."

„Ja", antwortete Sara leise. „Immerhin wissen wir jetzt, wer er ist. Wenn wir ihm nur klar machen könnten, dass wir wissen, was passiert ist, und dass man ihn nicht vergessen hat. Vielleicht würde er dann endlich seinen Frieden finden." Sara wartete auf eine Antwort von Zoë, aber das kleine Mädchen schwieg. „Zoë?", flüsterte sie nach einer Weile. Doch Zoë hörte sie nicht mehr. Sie war eingeschlafen.

Sara dachte noch einmal an ihre erfolglose Unterhaltung mit dem Geist zurück. Er hatte zum Himmel und auf den Boden gezeigt – bestimmt hatte er von der Bombe erzählt. Sie wälzte sich unruhig von einer Seite auf die andere. Es musste doch eine Möglichkeit geben, sich mit dem Geisterjungen zu verständigen. Und plötzlich wusste sie auch wie. Sara schloss erleichtert die Augen und fiel in einen tiefen Schlaf.

9

Als Sara am nächsten Morgen aus dem Fenster sah, stellte sie erleichtert fest, dass der Regen aufgehört hatte. Erstaunlicherweise schien sich nicht nur das Wetter, sondern auch Lauras Laune wieder gebessert zu haben.

„Findest du es wirklich so schrecklich, hierher zu kommen?“, fragte Sara zögernd, während sie sich anzogen und Zoë im Badezimmer war.

„Quatsch“, antwortete Laura nach einer kurzen Pause. „Natürlich hätte ich am liebsten, dass Dad wieder zu uns zurückkommt – das verstehst du doch, oder? Aber ich weiß ganz genau, dass er das nicht machen wird. Ganz abgesehen davon, dass meine Mutter das auch nicht mehr wollte. Weißt du, am Schluss haben sie sich fast nur noch gestritten. Das war wirklich schrecklich. Mit Ruth ist das ganz anders.“ Sie seufzte. „Es ist gar nicht so übel hier … und vor allem ist es ganz anders, als ich es mir vorgestellt habe.“

„Dass du hier einen Geist sehen würdest, damit hast du bestimmt nicht gerechnet!“, meinte Sara fröhlich.

Laura kicherte. „Nein, ganz bestimmt nicht.“

Als die drei Mädchen in die Küche traten, blickte Martin vom Frühstückstisch auf und sah Laura forschend an. „Tut mir Leid wegen gestern Abend“, sagte sie zu ihrem Vater. „Das mit dem Konzert ist nicht so schlimm.“

„Wenn es dir so wichtig ist, komme ich natürlich“, sagte Martin. „Weißt du, wenn ich das früher gewusst hätte, hätte ich natürlich nichts für dieses Wochenende geplant.“

„Ist schon okay“, sagte Laura. „Es gibt bestimmt noch genügend andere Konzerte, zu denen du kommen kannst.“

„Du kannst ja nächstes Mal deine Trompete mitbringen und uns ein kleines Privatkonzert geben“, schlug Ruth vor. „Ich würde dich wirklich gerne mal spielen hören.“

„Ich auch“, sagte Sara.

Laura errötete. „Ich weiß nicht ... so ganz allein klingt das wahrscheinlich nicht so toll ... Ich weiß, was ich mache. Mein Musiklehrer hat gesagt, dass er das Konzert auf Kassette aufnehmen will. Ich frag ihn einfach, ob er mir das Band ausleiht, und dann spiele ich mit.“

„Das ist eine prima Idee, mein Schatz“, sagte Martin. „Wir freuen uns schon drauf.“

Nach dem Frühstück machten sich die Kinder gespannt auf den Weg zum Gartenhaus. Nach dem Regen hingen Nebelfetzen zwischen den Bäumen und die Luft roch nach nassem Laub.

„Er ist nicht da“, sagte Laura. „Vielleicht hattest du gestern ja Recht, Sara, und er kommt nie wieder.“

„Er muss einfach zurückkommen“, erwiderte Sara. „Wir müssen ihm unbedingt klar machen, dass wir wissen, was passiert ist.“

„Aber er kann uns doch nicht hören", sagte Jake. „Wie sollen wir ihm dann was sagen?"

„Ich weiß, aber mir ist gestern Abend noch was eingefallen", sagte Sara. „Er kann uns zwar nicht hören, aber sehen. Ich dachte, wir malen einfach ein Bild mit dem, was passiert ist, und das zeigen wir ihm dann."

Laura sah sie anerkennend an. „Die Idee ist ja genial! Am besten lassen wir Zoë das Bild malen. Sie kann nämlich echt gut zeichnen."

„Das wusste ich ja gar nicht", sagte Sara zu Zoë gewandt. Es war das erste Mal, dass Laura etwas Nettes über ihre Schwester gesagt hatte.

Zoë zuckte verlegen mit den Schultern.

„Wenn du willst, kannst du das Flugzeug von meinem Poster abmalen", meinte Robert. „Oder soll ich lieber eins von meinen Modellflugzeugen holen gehen?"

„Das Poster reicht", sagte Sara. „Es muss ja kein Kunstwerk werden. Und während Zoë das Flugzeug abzeichnet, malen wir den Rest. Wenn wir alle mithelfen, geht es schneller. Ich besorge uns nur schnell ein paar Stifte und Papier und ihr passt solange auf, ob der Geist auftaucht."

Sara rannte, so schnell sie konnte, zum Haus zurück und kehrte atemlos mit einer Tüte voller Papierbogen und Buntstifte zurück. Sie machten sich sofort an die Arbeit. Obwohl Zoë noch so klein war, konnte sie mit Abstand am besten zeichnen. Laura hatte Recht gehabt.

„Du hast ja sogar den Propeller gemalt", sagte Robert bewundernd.

Schließlich war das Bild fertig. Sie hatten den Garten, die

Apfelbäume, den Jungen und das Flugzeug mit der Bombe gezeichnet. Sara schrieb noch schnell „Tom“ unter die Figur des Jungen.

Laura warf einen Blick aus dem Fenster. „So, jetzt muss er nur noch kommen.“

Sie warteten schweigend, doch draußen rührte sich nichts. Nach fünf Minuten, die ihnen wie eine halbe Ewigkeit vorkamen, sah Robert ungeduldig auf die Uhr. „Ich glaube nicht, dass er kommt“, sagte er düster.

Sara versuchte sich mit aller Macht auf den Geist zu konzentrieren. Er musste einfach kommen! Am liebsten hätte sie ihn laut gerufen, aber das war natürlich zwecklos. „Er kommt bestimmt. Das weiß ich einfach“, sagte sie und versuchte ihrer Stimme einen sicheren Klang zu verleihen.

Schließlich schlenderte Jake nach draußen und versuchte das Eichhörnchen zu sich zu locken, das zwischen den Bäumen umherhuschte. „Nächstes Mal bringe ich ein paar Nüsse mit und füttere es“, erklärte er.

Laura verlor als Erste die Geduld. „Ich geh jetzt zu Dad zurück ins Haus“, erklärte sie. „Der Geist kommt sowieso nicht und ich komme schließlich nicht hierher, um sinnlos herumzusitzen.“

„Bleib doch noch hier“, bat sie Sara. Doch Laura war schon an der Tür und trat nach draußen. Robert folgte ihr.

„Wie ihr wollt. Ich bleibe trotzdem hier und warte“, erklärte Sara trotzig.

In diesem Moment schnappte sie überrascht nach Luft. Von einer Sekunde auf die andere erschien die vertraute durchscheinende Gestalt unter dem alten Apfelbaum.

Die anderen hatten den Geist auch gesehen und blieben abrupt stehen. Der Junge sah mit angstverzerrter Miene zu ihnen herüber und begann wie beim letzten Mal wild zu gestikulieren und zu sprechen, ohne dass ein Laut über seine Lippen kam. Dann hielt er plötzlich inne und presste die Hand auf den Mund, als fiele ihm erst jetzt wieder ein, dass sie ihn nicht hören konnten.

Lautlos reichte Zoë Sara das Bild, das sie gemalt hatten, und Sara ging langsam auf den Jungen zu. Sie hielt das Bild hoch und deutete auf seinen Namen, den sie unter den Jungen geschrieben hatte. Der Geist kam vorsichtig näher – so nah hatte sie noch nie vor ihm gestanden. Sie rechnete schon mit einem eisigen Lufthauch in unmittelbarer Nähe des Jungen – das war doch bei Geistern so? –, doch die einzige Kälte, die sie spürte, war ihr eigenes Frösteln. Mit angehaltenem Atem beobachtete sie, wie der kleine Junge das Bild betrachtete. Auf seinem Gesicht spiegelte sich erst Überraschung und dann große Freude. Er nickte und deutete auf den Namen Tom und das Kind unter der Bombe und dann auf sich selbst.

„Ja, verstehst du, wir wissen alles“, flüsterte Sara und nickte ebenfalls.

Der Junge blickte gebannt auf das Bild. Als er den Blick wieder hob und Sara erneut in die Augen sah, war der ängstliche Ausdruck in sein Gesicht zurückgekehrt. Er begann von neuem aufgeregt zu reden, deutete auf die Hecke und auf den Boden. Es schien, als wollte er ihr unbedingt etwas sehr Wichtiges sagen.

„Er will mir noch etwas anderes sagen“, flüsterte Sara.

Verzweifelt bemühte sie sich, seine Lippenbewegungen und Gesten zu entschlüsseln, aber vergebens. Der Junge hielt plötzlich inne und stand einen Moment lang regungslos da. Dann fiel sein Blick erneut auf das Bild. Er deutete aufgeregt auf die Zeichnung und Sara begriff, dass seine Hand eine Zeichenbewegung machte.

„Er will was zeichnen!“, rief sie aufgeregt. „Ich glaube, er will was für uns zeichnen!“

Zoë rannte ins Gartenhaus und kehrte mit Papier und Stiften und einem Buch als Unterlage zurück. Sie reichte die Sachen an Sara weiter, die hastig ein leeres Blatt aus der Tasche zog. Wenige Meter vom Geist entfernt breitete sie die Tüte auf dem feuchten Gras aus und legte das Buch und das Blatt Papier darauf, damit es nicht nass wurde. Die Stifte legte sie sorgfältig auf das Papier und trat einen Schritt zurück.

„Hier“, sagte sie und deutete vor sich. „Für dich – jetzt kannst du was für uns zeichnen, wenn du willst.“ Sie deutete eine Zeichenbewegung an.

Einen Moment lang blickte sie dem Jungen in seine durchsichtigen Augen und meinte, ein Leuchten in ihnen zu erkennen. Er blickte gebannt auf die Stifte und das Papier.

„Na los.“ Sara schob die Sachen näher an ihn heran und trat noch ein Stück zurück, um ihm nicht zu nahe zu kommen. Er warf ihr einen ängstlichen Blick zu. Schließlich machte er einen zaghaften Schritt nach vorn und wurde nahezu unsichtbar. Sara hielt erschrocken den Atem an. Als der Junge wieder Gestalt annahm, atmete sie erleichtert auf. Er ging in die Hocke und streckte die Hand nach einem der

Stifte aus. Doch als seine Finger den Stift berührten, schienen sie einfach durch ihn hindurchzugehen. Sara beobachtete die Szene verzweifelt. Tom streckte noch einmal die Hand aus, zuerst nach dem roten und dann nach dem blauen Stift, doch es war immer dasselbe. Seine bleichen Finger konnten die Stifte einfach nicht greifen. Verzweifelt griff er nach dem Papier und versuchte, es an einer Ecke mit Daumen und Zeigefinger hochzuheben. Als ihm auch das nicht gelang, presste er die Hände auf die weiße Oberfläche. Das Papier bewegte sich keinen Millimeter, stattdessen versanken seine Hände einfach darin, sodass Tom plötzlich wie ein Geist ohne Hände aussah. Frustriert richtete er sich wieder auf und trat mit dem Fuß gegen das Papier. Diesmal verschwand sein Fuß anstelle der Hand. Er stampfte mit dem Fuß auf den Boden, ohne einen einzigen Grashalm umzuknicken. Schließlich blickte er resigniert zu Sara auf und eine winzige durchsichtige Träne kullerte über seine Wange.

Sara streckte instinktiv den Arm aus, um ihn zu trösten, zog ihn aber blitzschnell wieder zurück, als ihr klar wurde, dass ihr Arm wahrscheinlich einfach durch ihn hindurchgehen würde. Hilflos sah sie zu, wie eine zweite Träne über sein Gesicht rann und auf das Papier tropfte, ohne eine Spur zu hinterlassen. Dann verschwand er wieder.

Eine Weile lang standen sie einfach nur da und sprachen kein Wort. Dann bückte sich Sara langsam und hob das Papier und die Stifte auf. „Ich dachte, wenn wir ihm klar machen, dass wir seine Geschichte kennen, ist alles in Ordnung. Darüber war er anscheinend auch froh, aber er wollte uns unbedingt noch was anderes sagen. Etwas, das wir noch nicht wissen. Es war schrecklich, ihn weinen zu sehen und nichts dagegen machen zu können."

„Ich weiß nicht, wie du überhaupt auf die absurde Idee gekommen bist, dass er was zeichnen könnte", sagte Laura kopfschüttelnd.

Sara zuckte die Achseln. „Das hat er doch selbst auch gedacht. Schließlich war es seine Idee und nicht meine."

„Wenn er weder sprechen noch zeichnen kann, dann weiß ich nicht, wie er uns noch was mitteilen soll", sagte Robert. „Ich geb's auf ... und so wie's aussieht, hat er das auch getan."

„Aber ich gebe noch nicht auf!", rief Sara entschlossen. „Es muss doch eine Möglichkeit geben, sich mit ihm zu verständigen. Immerhin ist er zurückgekommen, obwohl keiner von euch mehr daran geglaubt hat. Er kommt bestimmt noch mal wieder. Das Problem ist nur, dass wir jetzt zwei Wochen warten müssen. Und ich weiß nicht, ob er so lange warten kann. Er wollte bestimmt was Wichtiges zeichnen."

„Ich möchte euch einen Vorschlag machen", erklärte Martin beim Mittagessen. Sein Blick verharrte auf Laura. „Was haltet ihr davon, wenn du, Zoë, Jake und ich übernächsten Samstag mal was allein unternehmen? Wir vier haben schon lange nichts mehr allein gemacht. Ruth und Sara und Robert haben bestimmt nichts dagegen. Was meint ihr?"

Sara senkte betrübt den Kopf. Laura würde sich bestimmt für einen Tag mit ihrem Dad entscheiden. Und wenn

Laura und die anderen in zwei Wochen nicht zu ihnen kommen würden, mussten sie und Robert sich allein mit dem Geist verständigen – und Robert hatte ja schon angekündigt, dass er aufgeben wollte. Ein Blick auf die düstere Miene ihres Bruders bestätigte ihre Befürchtungen nur noch. Martins Kinder sahen sich unsicher an.

„Ich will lieber hierher kommen“, erklärte Zoë.

Jake nickte. „Ich auch.“

Laura zögerte einen Augenblick. „Das ist wirklich lieb von dir, Dad, aber ... ich glaube, wir würden lieber hierher zu Sara und Robert kommen, wenn es dir nichts ausmacht. Hier können wir ja auch was mit dir machen.“

Sara atmete erleichtert auf.

Martin sah Laura überrascht an. Er zuckte die Achseln und lächelte. „Von mir aus gerne. Ich will nur, dass keiner von euch zu kurz kommt.“

Alle außer Robert erwiderten sein Lächeln. Sara trat ihm unter dem Tisch gegen das Bein, doch er reagierte nicht.

Martin sah auf die Uhr. „Wir müssen fahren.“

„In zwei Wochen sind wir wieder hier!“, erklärte Laura fröhlich.

Zwei Wochen!, dachte Sara verzweifelt. Es kam ihr vor wie eine Ewigkeit.

Nachdem sich Sara und Robert von Martins Kindern verabschiedet hatten, gingen sie wieder ins Haus zurück. Roberts Miene war immer noch düster.

„Was ist denn mit dir los?“, fragte Sara, als sie gemeinsam in der Küche den Tisch abräumten.

„Du weißt nicht mal, was nächsten Samstag ist, hab ich Recht?“, brummte er.

Sara runzelte die Stirn.

„Dads Todestag, wenn du's genau wissen willst – dann ist es acht Jahre her, seit er gestorben ist. Und wenn wir zu Oma und Opa fahren, heißt das, dass wir definitiv nicht auf den Friedhof gehen, kapiert!“

„Tut mir Leid, Robert. Daran hab ich überhaupt nicht mehr gedacht. Wie dumm von mir. Warum redest du nicht mit Mum darüber?“

Robert zuckte die Achseln. In diesem Moment betrat Ruth die Küche. Sara beschloss, selbst das Thema anzusprechen, wenn Robert es nicht tat.

„Mum, nächstes Wochenende ist doch Dads Todestag. Fahren wir dann wieder zu seinem Grab?“

„Aber natürlich“, antwortete ihre Mutter überrascht. „Das haben wir doch bis jetzt immer so gemacht.“

„Aber Martin hat doch gesagt, wir fahren zu Oma und Opa“, warf Robert ein.

„Wir machen auf dem Hinweg am Friedhof Halt. Es ist zwar ein kleiner Umweg, aber Martin wird uns dort für eine halbe Stunde absetzen und sich solange mit einem Freund in Stanford treffen. Ist das okay? Wenn ihr nicht mit zum Grab kommen wollt, überlegen wir uns was anderes.“

„Nein, nein. Natürlich wollen wir mitkommen“, sagte Robert hastig. „Du hättest uns nur schon früher sagen können, wie du dir das so gedacht hast, das ist alles.“

„Tut mir Leid. Du hast Recht." Ruth legte ihm den Arm um die Schulter.

„Mum, auf dem Dachboden ist doch eine Kiste mit alten Sachen von Dad", sagte Sara. „Könntest du die mal runterholen, damit wir uns die Sachen ansehen können?"

„Klar. Kein Problem."

Ruth verschwand und kam mit der Kiste im Arm wieder zurück. Sie stellte sie im Wohnzimmer ab und öffnete sie.

„Ich vermisse ihn immer noch", seufzte Saras Mutter, als sie einen Tennispokal und einen Stapel verstaubter Klaviernoten herauszog. „Die Tatsache, dass ich jetzt mit Martin zusammen bin, heißt noch lange nicht, dass ich euren Vater vergessen habe."

„Ich vermisse ihn auch", sagte Robert. „Für Sara ist es nicht so schlimm, weil sie sich nicht mehr an ihn erinnert."

„Ich wäre froh, wenn ich mich noch an ihn erinnern könnte", protestierte Sara.

„Schau mal", sagte ihre Mutter und streckte Sara ein Foto hin.

Auf dem Bild war ein großer, schlanker Mann zu sehen, der fröhlich lächelte. Auf seinen Schultern saß ein kleines Mädchen, das in die Kamera winkte und übers ganze Gesicht strahlte. Eine Aufnahme von ihr und ihrem Vater. Sara lächelte und griff nach dem Foto.

„Kann ich das behalten?", fragte sie. „Ich würde es gerne in meinem Zimmer aufhängen."

„Natürlich", sagte ihre Mutter und drückte sie an sich.

Robert musterte das Foto nachdenklich. „Ich seh ihm ziemlich ähnlich, oder?"

Ruth lächelte. „Allerdings.“

Weiter unten in der Kiste stieß Robert auf etwas besonders Interessantes. Ein kleines, zerfleddertes Taschenbuch über Kriegsflugzeuge. „Ich wusste ja gar nicht, dass Dad so was hatte!“

„Ich glaube, das hat er von seinem Vater bekommen“, sagte Ruth. „Du kannst es haben, wenn du möchtest.“

Robert nickte und blätterte zufrieden lächelnd in dem Buch.

In den darauf folgenden Tagen grübelte Sara immer wieder über den kleinen Geist nach und träumte sogar mehrmals von ihm. Sie zerbrach sich verzweifelt den Kopf, wie sie sich noch mit ihm verständigen konnten. In ihren Träumen wurde das, was der Junge ihnen sagen wollte, immer dringender und Sara erwachte schweißgebadet mit dem unguten Gefühl, dass ihnen nicht mehr viel Zeit blieb. Wofür wusste sie nicht. Sie wusste nur, dass sie es herausfinden mussten.

10

In den folgenden zwei Wochen musste Sara immer wieder an den Geist denken. Nur ab und zu gelang es ihr, ihn völlig aus ihren Gedanken zu verbannen. Als sie das Grab ihres Vaters auf dem Friedhof besuchten, trug Sara das Foto bei sich, das ihre Mutter ihr gegeben hatte, und fühlte sich ihm näher denn je zuvor. Roberts schlechte Laune war verflogen und sie verbrachten ein ausgelassenes Wochenende bei ihren Großeltern.

Am darauf folgenden Samstag wartete Sara ungeduldig auf die Ankunft von Martin und den Kindern. Vor lauter Angst, sie könnten den Geist verpassen, war sie am Morgen sogar schon zum Gartenhaus hinuntergeschlichen. Allerdings hatte sie ihn nirgends entdecken können.

Als Martin mit den Kindern im Wagen vorfuhr, kletterte Jake aufgeregt vom Rücksitz. Er war als Pirat verkleidet und schwenkte eine Tüte Erdnüsse durch die Luft.

„So war ich letztes Wochenende bei Daniels Party verkleidet“, verkündete er stolz. „Und die hier habe ich für das Eichhörnchen mitgebracht. Können wir sofort zum Gartenhaus runtergehen und nachsehen, ob es da ist?“

Sara wäre auch am liebsten sofort losgezogen, doch Laura hatte ihre Trompete mitgebracht und berichtete strahlend, wie gut ihr Konzert gelaufen war. Sie wollte ihnen unbedingt sofort eine Privatvorstellung geben.

Nachdem sie es sich im Wohnzimmer bequem gemacht hatten, spielte ihnen Laura drei Stücke zu der Kassette vor, die ihr Lehrer ihr geliehen hatte. Ihr Gesicht wurde beim Trompeteblasen ganz rot, aber sie spielte sehr gut. Als sie fertig war, klatschten alle begeistert und Laura verbeugte sich lächelnd.

„Das war wirklich toll“, sagte Martin anerkennend. „Ich wusste gar nicht, dass du schon so gut spielen kannst.“

„Ja, das war echt super, Laura!“, bestätigte Sara.

„Können wir jetzt endlich in den Garten gehen und das Eichhörnchen füttern?“, fragte Jake ungeduldig und lief in den Flur, um seine Jacke zu holen.

Bei ihrem morgendlichen Spaziergang zum Gartenhaus hatte Sara das Eichhörnchen nicht gesehen und hoffte für Jake, dass sie diesmal mehr Glück haben würden. Sie selbst fragte sich besorgt, ob nun auch der Geist auftauchen würde.

Als sie beim Gartenhaus ankamen, ließen sich weder das Eichhörnchen noch der Geist irgendwo blicken. Jake spähte hoffnungsvoll zu jeder einzelnen Baumkrone hoch, bis er plötzlich begeistert in die Hände klatschte. „Da ist es! Da oben, auf dem großen alten Baum. Ich hab's als Erster gesehen." Hastig fischte er eine Nuss aus seiner Tüte und streckte sie in die Luft. „Schau mal, was ich hier für dich habe."

Das Eichhörnchen äugte neugierig zu ihm herab, rührte sich aber nicht vom Fleck.

„Du musst die Nuss auf den Boden legen und ein Stück zurückgehen", riet ihm Robert.

Jake befolgte Roberts Rat und bestand darauf, dass sie alle ins Gartenhaus gingen und das Eichhörnchen von dort aus beobachteten. Es dauerte eine ganze Weile, bis das scheue Tier endlich vom Baum herunterkletterte, sich die Nuss schnappte und blitzschnell wieder nach oben sauste, um sie zu verspeisen. Dies wiederholten sie so lange, bis alle außer Jake keine Lust mehr hatten, dem Nüsse knackenden Eichhörnchen zuzusehen.

„Jetzt ist es mein Freund", erklärte Jake stolz.

Jake wurde nicht müde, dem kleinen Nagetier Nüsse hinzulegen, bis es schließlich nicht mehr auf den Baum zurückhuschte, sondern anfing, in der Erde zu wühlen.

„Jetzt vergräbt es die Nüsse", sagte Zoë. „Das machen Eichhörnchen so. Das haben wir in der Schule gelernt. Sie vergraben die Nüsse und im Winter graben sie sie wieder aus, wenn es nicht so viel Futter gibt."

Als Sara aufblickte, entdeckte sie plötzlich verblüfft, dass der kleine Geisterjunge hinter Jake auf der Wiese kauerte und das Eichhörnchen beobachtete.

„Seht mal da, der Geist!", flüsterte sie. „Hinter Jake."

Sara hoffte, dass Jake sie nicht gehört hatte. Vielleicht

würde er dann erschrocken aufspringen und den Geist verjagen. Doch in diesem Moment drehte sich Jake von selbst zu dem kleinen Geist um und zuckte erschrocken zusammen. Wortlos starrte er auf den Jungen, der wie ein lebensgroßes unscharfes Foto aussah. Sara griff sich instinktiv an die Nase, um sich zu vergewissern, dass sie ihre Brille aufhatte. Sie trug ihre Brille, denn abgesehen von dem Geist konnte sie alles gestochen scharf sehen.

„Schaut mal, da ist Tom", rief Jake schließlich, als wäre es das Normalste auf der Welt neben einem Geist auf einer Wiese zu sitzen. „Er beobachtet auch das Eichhörnchen."

Tom ließ das kleine Nagetier nicht aus den Augen. Als das Eichhörnchen eine weitere Nuss vergrub, drehte er sich plötzlich zu Jake um und zeigte aufgeregt mit dem Finger darauf. Dann deutete er auf Jake und machte eine grabende Handbewegung. Jake runzelte angestrengt die Stirn.

„Ich soll auch graben, so wie das Eichhörnchen?", fragte er und deutete auf das Nagetier, auf sich selbst und wiederholte Toms Handbewegungen.

Tom nickte heftig.

Zuerst war Sara ein bisschen eifersüchtig, dass sich Jake und nicht sie mit dem Geist verständigte, doch ihre Neugier, was Tom ihnen sagen wollte, ließ sie das Gefühl schnell wieder vergessen. Gebannt beobachtete sie die beiden Jungen, die wie zwei Gäste bei einer Kostümfeier aussahen. Vielleicht konnte sich Tom besser mit einem kleinen Jungen verständigen.

„Wonach soll ich denn graben?", fragte Jake. Er sprach mehr zu sich selbst als zu Tom. Plötzlich hellte sich seine

Miene auf. „Vielleicht nach einem Schatz? Hast du einen Schatz vergraben und willst, dass ich ihn finde, weil ich ein Pirat bin?“

Tom blickte ihn fragend an und Jake tat so, als grabe er in der Erde. Der Geist nickte.

„Sei nicht albern, Jake“, schaltete sich Laura ein. „*Die Schatzinsel* ist nur eine Geschichte. Wo soll hier denn ein Schatz herkommen? Tom kann dich nicht hören, er nickt einfach nur.“

Jake achtete nicht auf seine Schwester und wandte sich erneut an den kleinen Geist. „Ich soll graben?“, wiederholte er mit der entsprechenden Handbewegung.

Tom nickte wieder.

„Siehst du, er will, dass ich grabe“, sagte Jake und sah Laura trotzig an. „Und wenn er will, dass ich das tue, dann muss hier etwas vergraben sein und das kann doch nur ein Schatz sein, oder?“

Sara und die anderen waren sich da nicht so sicher.

„Und wo soll ich graben?“, fragte Jake weiter.

Tom sah ihn unsicher an und machte einen Schritt rückwärts Richtung Hecke.

„Zu dumm, dass wir keine Schatzkarte haben, mit der wir ihn finden können“, fuhr Jake fort. Er drehte sich zu den anderen um. „Vielleicht war es das, was er letztes Mal zeichnen wollte, eine Schatzkarte! Damit wir den Schatz finden können. Wirklich schade, dass er den Stift nicht halten konnte.“

Mittlerweile hatte sich das Eichhörnchen wieder auf den Baum verzogen, da der Nachschub an Nüssen ausblieb.

Jake hüpfte an der Stelle auf und ab, an der es zuletzt eine Nuss vergraben hatte.

„Ist es hier?“, fragte er und drehte sich wieder zu Tom um, doch der war verschwunden.

„Es muss hier sein“, sagte er. „Deshalb ist er jetzt verschwunden. Weil er gesehen hat, dass ich weiß, wo der Schatz vergraben liegt! Ich brauche unbedingt eine Schaufel oder so was.“

Laura zog die Augenbrauen hoch. „Jake, du spinnst echt.“

„Er schien zu wollen, dass Jake was ausgräbt“, sagte Sara nachdenklich. „Er hat ganz eindeutig auf das Eichhörnchen gezeigt, als es die Nuss vergraben hat, dann die Bewegung nachgemacht und auf Jake gezeigt. Es muss ja nicht unbedingt ein Schatz sein, aber vielleicht ist hier wirklich etwas vergraben. Etwas, das er vergraben hat, als er noch gelebt hat, und jetzt möchte er, dass wir es finden.“

Laura machte ein skeptisches Gesicht.

„Vielleicht hast du ja Recht“, sagte Robert mit gerunzelter Stirn. „Ich geh mal einen Spaten aus dem Geräteschuppen holen.“

„Vielleicht ist es ja wirklich ein Schatz“, meinte Zoë. „Dann sind wir reich!“

„Genau!“, rief Jake aufgeregt. „Und dann können wir uns alles kaufen, was wir wollen.“

„Krieg dich wieder ein“, wies ihn Laura zurecht. „Wo soll Tom denn einen Schatz herhaben?“

Robert kehrte mit einem großen Spaten und einer kleinen Schaufel unterm Arm zurück.

„Lass mich graben!“, rief Jake. „Er hat gesagt, ich soll graben!“

„Hier, bitte.“ Robert reichte ihm die Schaufel.

Jake begann sofort an der Stelle zu graben, an der das Eichhörnchen zuletzt eine Nuss verscharrt hatte. Nachdem er das glitschige Laub beiseite geschoben und einige Zentimeter Erde ausgehoben hatte, stieß er plötzlich auf etwas Hartes. „Was ist das?“, rief er aufgeregt. Doch es war nur eine große Baumwurzel.

„Weiter komme ich nicht“, erklärte er schließlich frustriert und warf die Schaufel auf den Boden. „Hier sind zu viele Wurzeln.“

„Lass mich mal“, sagte Robert. Doch mit dem großen Spaten kam er auch nicht weit.

„Vielleicht ist das ja gar nicht die richtige Stelle“, meinte Zoë. Sie griff nach der Schaufel und begann näher an der Hecke zu graben. „Hier ist der Boden viel weicher. Wieso versucht ihr es nicht mal hier?“

„Stimmt, der Geist ist vorhin Richtung Hecke gegangen, bevor er verschwunden ist“, bestätigte Sara.

Jake nahm Zoë die Schaufel aus der Hand und begann wieder zu graben. „Stimmt, hier ist der Boden ganz weich“, sagte er. „Hier muss es sein. Pass auf, Zoë, gleich haben wir den Schatz gefunden!“

Laura warf Sara einen langen Blick zu und schüttelte den Kopf. Sara zuckte die Schultern.

„Robert, komm und hilf uns“, rief Jake.

Robert stellte sich mit dem Spaten neben Jake und begann ebenfalls zu graben. „Hier geht es wirklich viel leichter", bestätigte er, „aber das heißt noch lange nicht, dass wir hier was finden."

In diesem Moment stieß der Spaten mit einem dumpfen Geräusch auf etwas Hartes.

Robert versuchte es noch einmal und das Geräusch erklang von neuem.

Jake spähte aufgeregt in die Vertiefung. „Was ist das, Robert? Was ist das?"

Robert bückte sich und zog einen länglichen Gegenstand aus der Vertiefung. Die anderen drängten sich neugierig um ihn.

„Aber das ist ja ein Knochen!", rief Zoë aufgeregt.

„Wir haben Toms Knochen gefunden!", rief Jake und hüpfte von einem Bein auf das andere. „Deshalb haben wir sein Grab nicht auf dem Friedhof gefunden, weil sie ihn hier im Garten begraben haben."

„Mir ist schlecht", stöhnte Zoë.

Robert drehte den Knochen in der Hand und betrachtete ihn nachdenklich. „Das ist wahrscheinlich nur ein Knochen, den mal ein Hund hier vergraben hat … wenn es auch zugegebenermaßen ein ziemlich großer Knochen ist, der durchaus von einem Kind sein könnte."

„Außerdem hat Tom in Hansville gewohnt", sagte Sara an Jake gewandt. „Deshalb haben sie ihn nicht hier auf dem Friedhof begraben."

„Wartet mal!" Robert wühlte mit den Händen in der Vertiefung. „Ich glaube, da liegt der Schädel."

Zoë wandte sich entsetzt ab und schlug die Hände vors Gesicht. „Ich will ihn nicht sehen!"

Vorsichtig zog Robert den Schädel aus der Vertiefung hervor.

„Der hat aber eine komische Form“, sagte Jake. „Da muss etwas draufgefallen sein.“

„Der ist überhaupt nicht von einem Kind“, sagte Robert grinsend. „Das ist ein Hundeschädel. Und zwar von einem ziemlich großen Hund.“

Sara atmete erleichtert auf und Zoë drehte sich wieder zu ihnen um.

„Das war bestimmt Toms Hund!“, sagte Jake. „Wahrscheinlich wollte er, dass wir wissen, dass sein Hund hier begraben liegt.“

Laura sah ihn mit hochgezogenen Augenbrauen an. „Der Hund kann jedem gehört haben, der hier mal gewohnt hat, Jake.“

„Ich glaub trotzdem, dass er Tom gehört hat“, erwiderte Jake trotzig. „Und deshalb sollte ich hier graben.“

Robert legte den Schädel wieder in die Mulde zurück und schaufelte Erde darüber.

„Vielleicht war es wirklich Toms Hund“, meinte Sara an Jake gewandt, „aber ich glaube nicht, dass es das war, was er uns sagen wollte. Ich bin mir ganz sicher, dass es etwas viel Wichtigeres ist. Er hat bestimmt etwas anderes gemeint, das wir finden sollen.“

„Also doch einen Schatz?“ Jake ließ einfach nicht locker.

„Ich weiß nicht“, sagte Sara. „Ich wünschte, er würde noch einmal zurückkommen und uns genau sagen, wo wir graben sollen. Er müsste doch bloß mit dem Finger auf die richtige Stelle zeigen.“

„Ohne konkreten Anhaltspunkt hier in der Erde zu wühlen, bringt's wirklich nicht", pflichtete ihr Robert bei.

In diesem Moment tauchte der Geist urplötzlich wieder aus dem Nichts auf. Er stand nicht weit von ihnen entfernt direkt neben der Hecke an der Stelle, wo sie die Hundeknochen gefunden hatten, und sah sie mit ernsten und verzweifelten Augen an.

„Wo?", fragte Jake und hob die Handflächen. „Wo sollen wir graben?"

Der Geist sah ihn einen Moment lang an, dann bückte er sich und verschwand.

„Oh nein! Jetzt ist er schon wieder weg", rief Jake. „Vielleicht will er ja, dass wir mitkommen, aber das geht nur, wenn wir auch tot sind, und ich will nicht tot sein."

Sara blickte gebannt zu der Stelle hinüber, an der der Geist verschwunden war. Es hatte ausgesehen, als wäre er in der Hecke oder gar durch sie hindurch verschwunden. Plötzlich fiel ihr wieder ein, dass Mr Allen ihnen von einer Lücke in der Hecke erzählt hatte. Sie trat zu der Stelle und suchte das dichte Buschwerk nach einem Durchgang ab.

„Was machst du denn da?", fragte Robert.

„Ich glaube, er will, dass wir durch die Hecke klettern", antwortete Sara. „Weißt du nicht mehr, Mr Allen hat doch gesagt, in der Hecke wäre eine Lücke gewesen."

„Hier ist nie im Leben eine Lücke. Die Hecke ist viel zu dicht", erwiderte Robert. „Da kommst du nie durch."

„Aber früher war hier mal eine", sagte Sara. „Wetten dass Tom auf die Wiese hinter der Hecke gegangen ist."

Die anderen sahen sie zweifelnd an.

„Vielleicht ist auf der Wiese etwas vergraben“, fuhr Sara fort, „und wir sollen es finden, bevor die Bauarbeiten beginnen.“

„Genau!“, rief Jake. „Er hat den Schatz bestimmt auf der Wiese vergraben und nicht hier im Garten. Los schnell! Da müssen wir sofort hin!“

11

Sara lief Jake hinterher. Robert zögerte einen Moment lang, dann griff er nach der Schaufel und dem Spaten. Gemeinsam hasteten sie zu dem kleinen Trampelpfad, der zur Wiese führte. Sara kletterte als Erste über den Zaun neben der Wiese und blickte entsetzt auf das Bild, das sich ihr bot.

Das Grundstück, auf dem sich vor kurzem noch die Grashalme im Wind bogen, hatte sich in eine Schlammwüste verwandelt. Riesige Erdhaufen thronten neben tiefen Gräben und Furchen. Dazwischen türmten sich Kies- und Ziegelsteinberge und überall standen Lastwagen, Bagger und Betonmischer herum.

„Wieso haben die das gemacht?“, fragte Zoë. „Ich weiß, hier werden Häuser gebaut, aber die hätten doch wenigstens ein bisschen Gras für die Gärten übrig lassen können. Hier kommen doch auch Gärten hin, oder?“

„Schon, aber zuerst müssen sie Wasserrohre und Gasleitungen verlegen und Fundamente für die Häuser bauen“, erklärte Robert. „Aber keine Angst, später werden hier bestimmt wieder Rasenflächen angelegt.“

„Dann kommen wir wohl zu spät“, sagte Laura. „Die haben hier ja schon alles umgegraben, was nur geht.“

Sara sah sich bekümmert um. Wahrscheinlich hatte Laura Recht. Jake begann mit der Schaufel ein Loch in die Erde zu graben.

„Vergiss es, Jake. Das ist sinnlos“, sagte Laura.

In diesem Moment sah Sara den Geist wieder. Er stand oder schwebte vielmehr über einem der Erdlöcher ganz in der Nähe der Hecke. Sara konnte ihn nur ganz schwach erkennen. Es war ein merkwürdiger Anblick, wie er da so in der Luft schwebte, und plötzlich begriff sie, dass er an einer Stelle stehen musste, wo früher einmal Wiese gewesen war. Auf seinem Gesicht spiegelte sich große Erleichterung, als er sie sah.

„Ist es zu spät?“, fragte Sara. „Wo sollen wir graben?“

Der Geist überquerte einen Graben und lief eine Furche neben der Hecke entlang. Dabei zeigte er ständig unter sich.

„Aber da haben die doch schon längst gegraben“, sagte Jake und schüttelte den Kopf. „So tief kannst du doch gar nichts vergraben haben, Tom.“ Doch der Junge war verschwunden.

Robert trat an den Rand des Grabens, an dem sie Tom zuletzt gesehen hatten, und kletterte vorsichtig nach unten. Das Loch war mehrere Meter tief.

„Pass bloß auf!“, rief ihm Sara zu. Sie sah sich besorgt um. Am anderen Ende des Grundstücks liefen mehrere Männer herum, doch bis jetzt achtete keiner auf sie.

„Wenn ihr alle hier runterkommt, dann sieht uns keiner“, rief ihnen Robert zu.

Mit ausgestreckter Hand half er zuerst Jake und dann Zoë zu sich nach unten. Laura kletterte ohne Hilfe in die Grube und streckte Sara ihre Hand entgegen.

Jake begann sofort mit der Schaufel an einer Stelle zu graben, während Robert die Sache etwas systematischer anging und den Spaten an einem Ende des Grabens in die Erde stieß. Nach ein paar Minuten stellte sich Laura neben ihn. „Lass mich mal. Ich bin viel stärker als du."

Robert warf ihr einen gekränkten Blick zu und reichte ihr widerwillig den Spaten. Laura machte sich voller Elan an die Arbeit und schien wirklich schneller voranzukommen als Robert. Als ihr Gesicht vor Anstrengung gerötet war und ihr die Schweißtropfen über die Stirn rannen, bot Robert ihr an, noch einmal zu tauschen.

Sara und Zoë schauten ihnen schweigend zu. Saras Finger waren vor Kälte ganz klamm. Da Laura ein ziemlich tiefes Loch ausgehoben hatte, begann Robert an einer neuen Stelle zu graben. Dabei legte er sich so ins Zeug, als müsste er Laura etwas beweisen. Dann änderte er plötzlich seine Strategie und stieß den Spaten in die Seitenwände der Grube, anstatt noch tiefer zu graben. Laura schlug vor, ihn noch einmal abzulösen, aber Robert war nicht zu bremsen. Schließlich legte er doch eine Pause ein und reichte Laura wieder den Spaten. Nach wenigen Spatenstichen stieß sie plötzlich auf etwas Hartes.

„Warte!", rief Robert aufgeregt und nahm Jake die Schaufel aus der Hand. Jake hatte überall kleine Löcher ausgehoben. Jetzt drängten sich alle aufgeregt um Robert. Er schaufelte vorsichtig etwas Erde beiseite, bis ein Stück eines gebogenen, metallischen Gegenstandes zum Vorschein kam.

„Eine Schatztruhe!“, rief Jake aufgeregt.

„So sieht das aber nicht aus“, entgegnete Sara.

„Sieht eher aus wie aus einem Science-Fiction-Film“, sagte Laura, während Robert das sonderbare Objekt weiter freilegte. Es war ein großer, zylindrischer Metallkörper, aus dem eine Art Flosse herausragte. Robert hielt abrupt inne und starrte auf den Metallgegenstand.

„Schnell, wir müssen hier weg!“, sagte er heiser. „Ich glaube, das ist eine Bombe!“

Hastig kletterte Robert aus der Vertiefung und zog Jake zu sich nach oben. Dabei löste sich etwas Erde vom Rand und rieselte auf die Oberfläche des unheimlichen Gegenstandes. Laura schob Zoë vor sich nach oben und Sara kletterte vorsichtig die Erdwand hoch.

„Oje, da kommt einer von den Bauarbeitern“, rief Zoë. „Der sieht aber gar nicht nett aus.“

Der Mann war von einem der Bagger heruntergesprungen und eilte mit Riesenschritten auf sie zu. Er fuchtelte ärgerlich mit den Händen und brüllte etwas Unverständliches.

„Los, nichts wie weg hier“, zischte Laura.

„Sollen wir ihn nicht lieber warnen?“, wandte Sara ein. „Ich meine – wer weiß, ob die Bombe nicht noch gefährlich ist.“

Robert nickte und wartete mit angespannter Miene, bis der Mann bei ihnen war.

„Wir wollten Ihnen nur sagen, dass …“

„Macht, dass ihr hier wegkommt!“, fiel ihm der Arbeiter ins Wort. „Das hier ist kein Spielplatz, sondern eine Baustelle! Ihr habt hier nichts zu suchen!“

„Ich glaube, der hört uns nicht zu“, sagte Robert leise. „Also, gehen wir.“

Robert lief zum Zaun zurück und die anderen folgten ihm. Sara blieb einen Moment lang unschlüssig stehen und wandte sich noch einmal zu dem Mann um.

„Aber …“, begann sie nervös und viel leiser, als sie eigentlich wollte. „Da unten ist was, das Sie eigentlich …“

„Wenn du jetzt nicht sofort von hier verschwindest, kannst du was erleben!“, unterbrach sie der Mann ungehalten. „Haben eure Eltern euch nicht beigebracht, dass man nicht auf Baustellen spielt? Das ist gefährlich! Lasst euch hier bloß nie wieder blicken!“

Der Mann machte ein Gesicht, als würde er sie jeden Moment am Kragen packen, schütteln und höchstpersönlich über den Zaun befördern. Sara drehte sich um und lief schnell davon.

„Na also. Wehe ich erwische euch hier noch mal! Verdammte Bälger!“, rief ihr der Mann hinterher.

Sara kletterte hastig über das Gatter. Die anderen waren schon ein Stück vor ihr. Als sie vom Zaun herunterspringen wollte, blieb sie mit dem Fuß hängen und verlor das Gleichgewicht. Sie ruderte hektisch mit den Armen. Dabei flog ihre Brille in hohem Bogen davon und Sara landete unsanft auf dem Boden. Hektisch tastete sie nach ihrer Brille. Als sie sich aufrichtete, drehte sich alles um sie herum im Kreis und Sara ging wieder in die Hocke.

„Robert!“, rief sie verzweifelt. „Robert! Hilf mir … ich hab meine Brille verloren!“

Erleichtert hörte sie, wie ihr Bruder zu ihr zurückrannte.

„Ist dir was passiert?“, fragte er atemlos. Er fand ihre Brille und wischte die Gläser an seiner Hose ab. „Hier. Geht's wieder?“

„Ja“, sagte Sara. Sie war froh, Robert und den Weg wieder scharf sehen zu können. Sie stand auf und klopfte sich die Erde von der Hose. „Alles okay.“

„Komm, wir müssen uns beeilen“, sagte Robert. „Wir müssen sofort jemandem von der Bombe erzählen. Die ist bestimmt damals mit der Bombe runtergegangen, die Tom getötet hat. Nur dass die hier nicht explodiert ist und nie entdeckt wurde. Niemand außer Tom wusste davon. Er muss gesehen haben, wie sie hinter der Hecke runter ist, bevor es ihn erwischt hat.“

„Kann die denn immer noch explodieren?“, fragte Sara, doch Robert antwortete nicht. Er war plötzlich stehen geblieben und griff sich mit den Händen an die Brust.

„Sara“, krächzte er, während sein Atem plötzlich schnell und pfeifend ging. „Ich … hhhh, ich … hhhhh … krieg … hhhhh … keine Luft … hhhhh … mehr … Mein Asthma!“

„Wo ist dein Inhalator?“

„… hhhh … daheim.“

„Aber du sollst ihn doch immer mitnehmen!“

Robert schüttelte den Kopf und setzte sich hin. Er rang verzweifelt nach Luft.

„Komm weiter“, drängte ihn Sara. „Du musst nach Hause zu deinem Inhalator! Es ist nicht mehr weit!“

Sie streckte ihm die Hand entgegen, doch Robert schüttelte den Kopf. „Ich … hhhh … kann … hhhh … nicht … hhhhh.“

12

Sara bekam panische Angst. Sie hatte zwar schon mehrmals einen Asthma-Anfall ihres Bruders miterlebt, aber noch nie einen so schlimmen und bis jetzt war immer ihre Mutter mit dem Inhalator zur Stelle gewesen. Sie blickte den Weg entlang und konnte gerade noch Laura, Zoë und Jake in der Ferne erkennen.

„Lau-ra!“, rief sie, so laut sie konnte. „Lau-ra! Komm zurück! Robert braucht Hilfe!“

Im ersten Moment fürchtete sie, Laura würde sie nicht mehr hören können. Doch als sie noch einmal rief, drehte sie sich um und rannte mit Zoë und Jake im Schlepptau zu ihnen zurück.

„Was ist denn?“, fragte sie und sah Robert bestürzt an.

„Er hat einen schlimmen Asthma-Anfall“, sagte Sara mit Panik in der Stimme. „Wir müssen ihn so schnell wie möglich nach Hause bringen. Er braucht dringend seinen Inhalator!“

Laura nickte. „Pass auf, geh du auf die eine Seite und ich auf die andere. Wir schaffen das schon, keine Angst, Sara.“

Sie packten Robert links und rechts am Arm und zogen ihn hoch. Sein Gesicht hatte eine merkwürdige Farbe angenommen und sein Atem ging so pfeifend, dass er nicht einmal mehr sprechen konnte. Laura trug das meiste von seinem Gewicht und so schleiften sie ihn Meter für Meter den Weg entlang.

„Gleich sind wir zu Hause, Robert", sagte Laura leise. „Es ist nicht mehr weit."

„Danke", murmelte Sara. „Ich wüsste nicht, was ich ohne dich gemacht hätte."

„Ich lauf voraus und sag Ruth und Dad Bescheid", sagte Zoë, als sie endlich den Weg zum Haus erreichten.

Kurz darauf kehrte sie mit Ruth zurück.

„Mein Gott, wo habt ihr euch denn rumgetrieben?", rief Ruth. „Ihr seid ja völlig verdreckt! Ist ja auch egal, jetzt muss ich mich erst mal um Robert kümmern."

Besorgt musterte sie ihren keuchenden Sohn. „Oje. Das sieht aber gar nicht gut aus", murmelte sie. „Am besten wir fahren sofort ins Krankenhaus."

„Soll ich schnell ins Haus laufen und seinen Inhalator suchen?", fragte Sara ängstlich. „Er hat ihn nicht dabei."

„Oh, Robert", seufzte Ruth und schüttelte den Kopf. Dann wandte sie sich wieder an Sara. „Ja, mach das. Ich bringe ihn schon mal ins Auto. Ach, und schreib schnell einen Zettel für Martin, damit er weiß, wo wir sind."

„Wo ist Dad denn hin?", fragte Zoë verwundert.

„Er ist mit dem Fahrrad losgefahren, um euch zu suchen", antwortete Ruth. Sie nahm Robert auf den Arm und trug ihn zum Wagen. „Wir dachten, ihr wärt unten am

Gartenhaus, aber als Martin nach euch sehen wollte, hat er euch nirgends gefunden und sich Sorgen gemacht. Ihr habt uns ja nicht gesagt, dass ihr weggeht!"

„Tut mir Leid, Mum ...", begann Sara.

„Schon gut", unterbrach sie Ruth. „Geh schnell den Inhalator suchen und schreib Martin einen Zettel, dass Robert einen Asthma-Anfall hat und wir alle ins Krankenhaus gefahren sind. Er kann ja nachkommen."

Sara rannte ins Haus, während Laura Ruth dabei half, den halb bewusstlosen und schwer atmenden Robert auf den Beifahrersitz zu hieven. Zu viert drängten sie sich auf dem Rücksitz zusammen und Ruth fuhr mit quietschenden Reifen los.

„Geht es Robert bald wieder gut?", fragte Jake ängstlich.

„Bestimmt. Wenn wir erst mal im Krankenhaus sind, kommt er schon wieder in Ordnung", sagte Ruth. Sie versuchte zuversichtlich zu klingen, doch Sara erkannte die Angst in ihrer Stimme. Laura drückte ihr beruhigend die Hand und Sara lächelte ihr dankbar zu.

Hätte sie doch bloß nicht ihre Brille verloren, dachte sie verzweifelt, dann hätte Robert nicht noch einmal zu ihr zurücklaufen müssen.

Doch dann fiel ihr ein, wie sie vom Gartenhaus zur Wiese gelaufen waren und wie angestrengt Robert gegraben hatte. Wahrscheinlich war das schon zu viel für ihn gewesen – und dann noch der Schock, als sie die Bombe gefunden hatten, falls es wirklich eine war.

Sara sah den merkwürdigen Metallzylinder in der Vertiefung immer noch vor sich. Wenn Robert Recht hatte, dann waren die Bauarbeiter ernsthaft in Gefahr. Robert hatte gesagt, sie müssten sofort jemandem davon erzählen. Was, wenn die Bombe explodierte?

„Mum“, begann sie, „wir haben vorhin was gefunden und Robert glaubt ...“

„Sei mir nicht böse“, unterbrach sie Ruth, „aber du musst jetzt einen Moment still sein. Ich muss mich konzentrieren, damit ich die Abzweigung zum Krankenhaus nicht verpasse. Du kannst es mir ja nachher erzählen.“

Sara verstummte und lauschte ängstlich auf Roberts pfeifenden Atem, der von Minute zu Minute schlimmer klang. Nicht einmal der Inhalator hatte ihm geholfen. Plötzlich musste sie daran denken, wie sie vergangenes Wochenende am Grab ihres Vaters gestanden hatten, und ein schreckliches Bild erschien vor ihrem geistigen Auge: Sie stand mit ihrer Mutter an Roberts Grab. Ihr Bruder würde doch nicht etwa sterben?

„Zuerst sein Vater und dann auch noch er ... Zuerst sein Vater und dann auch noch er ...“ Die Worte, die Mr Allen in der Bibliothek gesagt hatte, hallten in ihrem Kopf wider. Sie umklammerte Lauras Hand.

„Er kommt schon wieder in Ordnung“, sagte Laura leise. „Da sind wir ja schon. Im Krankenhaus können sie ihm bestimmt helfen.“

Ruth bog in die Einfahrt mit dem Schild „Nur für Notfälle“ ein. Sie stieg aus und rannte zur Beifahrertür.

„Ich lauf rein und hol Hilfe“, sagte Laura und kletterte aus dem Wagen.

Wenige Minuten später wurde Robert von zwei Sanitätern auf einer Krankentrage ins Gebäude gebracht. Ruth verschwand mit ihm hinter einer Milchglastür. Die anderen sollten im Wartezimmer der Notaufnahme warten.

Sie setzten sich auf die Plastikstühle. Saras Herz pochte angstvoll in ihrer Brust.

„Muss Robert sterben?“, fragte Jake und sah seine große Schwester Laura fragend an.

„Nein, natürlich nicht“, antwortete sie. „Die Ärzte geben ihm eine Medizin und dann geht es ihm gleich wieder besser.“

„Wenn man Asthma hat, muss man nicht sterben, oder?“, fragte Zoë. „Nicki und Christopher in meiner Klasse haben auch Asthma und denen geht es trotzdem gut. Sie müssen einfach nur ihre Inhalatoren benutzen.“

„Genau. Nur Robert hat seinen vergessen. Und die ganze Lauferei und Graberei war nicht so gut für ihn“, erklärte Laura. „Aber jetzt geht es ihm bestimmt schon wieder besser.“

Lauras Worte trösteten Sara. Hoffentlich hatte sie Recht. Bitte, lieber Gott, mach, dass es Robert wieder gut geht, betete sie im Stillen. Sie blickte auf und betrachtete die anderen Personen, die mit Verbänden, gebrochenen Gliedern und sonstigen Verletzungen auf den Stühlen saßen und warteten. Bildete sie sich das nur ein oder starrten sie die anderen alle an? Sara blickte an ihrer Hose hinunter und wusste plötzlich auch warum. Sie waren alle vier von oben bis unten mit Matsch verspritzt und boten bestimmt einen merkwürdigen Anblick.

Ihre Gedanken kreisten erneut um die Bombe. Was, wenn sie explodierte und einer der Arbeiter getötet wurde? Dann waren sie schuld, weil sie niemandem davon erzählt hatten.

„Sollen wir nicht jemandem was von der Bombe sagen?", wandte sie sich besorgt an Laura.

„Ach was, darum kümmern wir uns später", erwiderte diese. „Jetzt ist erst mal wichtig, dass Robert wieder in Ordnung kommt. Wer weiß, vielleicht ist es ja gar keine Bombe. Und dann stehen wir ganz schön blöd da, wenn wir deswegen alle verrückt machen."

„Ja schon, aber was, wenn es doch eine ist und sie explodiert und jemand wird getötet?", hakte Sara nach. „Wenn die mit einem Bagger dagegenstoßen, könnte sie doch losgehen, oder?"

Laura zuckte die Schultern. „Keine Ahnung. Wenn dieses Ding wirklich aus dem Zweiten Weltkrieg ist, dann ist es jetzt bestimmt nicht mehr gefährlich. Das ist ja schon so lange her."

„Aber Tom hat doch versucht uns davor zu warnen! Das hat Robert auch so verstanden. Ich finde, wir sollten es lieber jemandem sagen."

„Dann tu's doch, wenn es dir danach besser geht", sagte Laura. „Wem willst du es denn sagen, der Polizei?"

„Das wäre wahrscheinlich am besten, aber ... aber ich hab kein Geld zum Telefonieren."

„Für den Notruf braucht man kein Geld. Du musst einfach nur die Nummer 999 wählen ... Fragt sich nur, ob sie dir glauben werden."

„Ich kann's ja wenigstens mal versuchen", sagte Sara und stand auf. Sie blieb unsicher stehen. Ihre Knie waren weich wie Gummi.

„Soll ich mitkommen?", bot Laura an.

„Nein, nein. Bleib du lieber bei Zoë und Jake."

Sie ging den Korridor entlang zu einem Münzfernsprecher und hob den Hörer ab. Was sollte sie bloß sagen? Als sich eine klare Stimme am anderen Ende der Leitung meldete, legte sich ihre Aufregung etwas.

„Ich möchte bitte mit der Polizei sprechen", erklärte Sara. Dann nannte sie ihren Namen und die Nummer des Apparats und den Namen des Krankenhauses, von dem aus sie anrief. Nachdem man sie mit einer Frauenstimme verbunden hatte, berichtete sie ihr von der Bombe.

Die Frau klang im ersten Moment ziemlich ungläubig. Sie stellte Sara mehrere Fragen und erklärte dann, sie würden jemanden hinschicken und die Angelegenheit überprüfen.

Sara war sich nicht sicher, ob die Frau ihr geglaubt hatte, als sie auflegte. Sie fragte sich, ob die Polizei wirklich zur Baustelle fahren und den Metallgegenstand überprüfen würde. Wenigstens hatte sie es versucht, sagte sie sich.

Auf dem Rückweg zum Warteraum sah sie Martin durch die Schwingtüren kommen. Er sah sich suchend um.

„Martin!", rief sie und rannte zu ihm. Er schloss sie in die Arme und plötzlich konnte sie die Tränen nicht mehr zurückhalten.

„Was ist passiert?", fragte er. „Wie geht es Robert? Wo ist er?"

„Sie haben ihn mitgenommen“, antwortete Sara. „Und bis jetzt hat uns noch keiner gesagt, wie es ihm geht. Vorhin ging es ihm wirklich schlecht. So habe ich ihn noch nie gesehen!“

„Mach dir keine Sorgen. Ich werde gleich herausfinden, wie es um ihn steht. Sag den anderen, ich bin gleich bei ihnen.“

Martin eilte zur Rezeption und sprach mit einer Schwester. Dann verschwand er durch die Tür, durch die auch Robert und Ruth verschwunden waren.

„Und, was hat die Polizei gesagt?“, erkundigte sich Laura.

„Ich bin mir nicht sicher, ob sie mir geglaubt haben, aber sie meinten, sie würden die Angelegenheit überprüfen“, antwortete Sara achselzuckend. Sie war plötzlich unglaublich müde. Das alles kam ihr so unwirklich vor. Wie in einem schlechten Traum.

Laura legte ihre warme Hand auf Saras Schultern. Es schien eine Ewigkeit zu dauern, bis Martin endlich wieder auftauchte.

„Wie geht es ihm?“, fragte Sara besorgt als Martin endlich im Warteraum auftauchte.

„Sie versuchen ihn zu stabilisieren. Er bekommt immer noch kaum Luft“, antwortete Martin. „Sie müssen erst herausfinden, welches Medikament bei ihm am besten anschlägt. Auf jeden Fall muss er heute Nacht zur Beobachtung hier bleiben. Ruth meinte, ich soll euch erst mal nach Hause bringen. Sie selbst bleibt noch bei ihm.“

„Kann ich zu ihm?“, fragte Sara.

„Nein … ich glaube, es ist besser, wenn du bis morgen wartest. Dann kannst du ihn bestimmt besuchen."

Sara hatte große Angst. Das klang immer noch sehr schlimm.

Auf dem Rückweg sprach niemand ein Wort. Schweigend starrten sie auf die dunkle Landstraße hinaus. Martin fragte sie nicht einmal, wo sie gewesen und warum ihre Kleider voller Matsch waren. Als sie in den Weg zum Haus einbogen, bremste Martin abrupt ab und hielt an. Im Scheinwerferlicht standen mehrere Polizeibeamte mit reflektierenden gelben Jacken. Der Weg war mit einem Plastikband abgesperrt.

„Was ist denn hier los?", murmelte Martin und kurbelte das Fenster herunter. „Wir wohnen hier. Können wir nicht weiterfahren?"

„Tut mir Leid", antwortete der Polizist höflich. „Wir haben auf der Wiese hinter den Häusern eine Bombe gefunden. Wir mussten die Straße aus Sicherheitsgründen absperren und die Anwohner evakuieren. Die Leute, die die Bombe entschärfen, müssen jeden Moment hier sein. Am besten, Sie fahren wie die anderen erst mal zum Gemeindezentrum."

„Das hat uns gerade noch gefehlt", stöhnte Martin. „Wie lange wird das denn dauern?"

„Das ist schwer zu sagen", antwortete der Beamte.

Sara traute kaum ihren Ohren. Sie hatten ihr also doch

geglaubt und vor allem war es tatsächlich eine Bombe und die war auch noch gefährlich, sogar sehr gefährlich. Sonst hätten sie wohl kaum sämtliche Anwohner evakuiert! Sie tauschte einen Blick mit Laura.

„Gut, dass du vorhin bei der Polizei angerufen hast", flüsterte Laura Sara zu. „Robert hatte also doch Recht."

13

Martin fuhr in die Dorfmitte und parkte den Wagen vor dem Gemeindezentrum. Dann nahm er den kleinen Jake, dem mittlerweile die Augen zugefallen waren, auf den Arm und trug ihn hinein. Die Kinder folgten ihm. In dem großen Raum standen mehrere Leute in Gruppen zusammen und unterhielten sich. Sara erkannte einige bekannte Gesichter aus der Nachbarschaft wieder, andere hatte sie noch nie gesehen. In einer Ecke machten ein paar Frauen Tee für die Anwesenden.

„Setzt euch erst mal hin. Ich besorg uns was zu trinken“, sagte Martin. „Ich weiß ja nicht, wie's euch geht, aber ich bin ganz schön groggy.“

Sie suchten sich ein paar freie Stühle und Martin setzte den schlafenden Jake auf Lauras Schoß. Dann ging er zu den Frauen in der Ecke hinüber. Sara sah sich neugierig um. Gebannt beobachtete sie, wie ein Polizeibeamter durch die Tür trat und kurz mit einer Frau sprach. Dann blickte er auf und räusperte sich vernehmlich.

„Darf ich kurz um Ihre Aufmerksamkeit bitten? Ich

wollte Ihnen nur Bescheid sagen, dass die Männer vom Entschärfungskommando jetzt vor Ort sind. Es wird also hoffentlich nicht mehr lange dauern, bis sie wieder nach Hause können. Außerdem wollte ich Sie fragen, ob jemand von Ihnen eine gewisse Sara Wallace kennt? So hieß nämlich die Person, die die Polizei verständigt hat.“

Sara wurde es plötzlich ganz heiß und spürte, wie sie rot wurde. Wie sollte sie bloß erklären, was sie überhaupt auf der Baustelle gemacht hatten? Als sie aufstand, sah sie aus den Augenwinkeln, wie Martin sie verblüfft anstarrte.

„Ich bin Sara Wallace“, sagte sie laut. „Ich hab vorhin angerufen.“

Sämtliche Leute im Raum drehten sich nach ihr um und musterten sie neugierig.

Der Polizist eilte zu ihr und setzte sich neben sie. „Wärst du so nett und würdest mir ein paar Fragen beantworten?“

Sara nickte.

„Wir waren alle dort“, erklärte Laura und zeigte auf sich, Zoë und Jake. Der Polizist nickte und sein Blick verharrte einen Augenblick lang auf ihren dreckverspritzten Kleidern.

„Zuerst wussten wir nicht, was das für ein komisches Ding war“, begann Sara. „Aber mein Bruder hat gesagt, es wäre eine Bombe. Dann hatte er plötzlich einen Asthma-Anfall und wir mussten ihn ins Krankenhaus bringen.“

In diesem Moment wurde Jake wieder wach. Er rieb sich verschlafen die Augen, räkelte sich auf Lauras Schoß und gähnte laut. Dann richtete er sich abrupt auf und sah sich erschrocken um.

„Alles in Ordnung, Jake. Du bist vorhin im Wagen eingeschlafen“, sagte Laura leise. „Robert hat Recht gehabt. Es war wirklich eine Bombe. Und jetzt kümmert sich die Polizei darum und so lange müssen wir alle hier warten, falls das Ding explodiert. Willst du was trinken?“

Jake sah sie benommen an und griff nach der Tasse, die sie ihm hinstreckte.

Der Polizist wandte sich wieder an Sara. „Was habt ihr überhaupt auf der Baustelle gemacht?“

Sara suchte fieberhaft nach einer vernünftigen Erklärung. Sie hatte keine Ahnung, was sie sagen sollte.

Jake sah den Polizisten mit großen Augen an. „Wir haben nach einem Schatz gesucht“, erklärte er, als wäre das das Normalste auf der ganzen Welt. „Aber wir haben nichts gefunden – nur diese Bombe! Schade, dass es kein Schatz war.“

„Nach einem Schatz?“, wiederholte der Polizist und musterte Jake mit hochgezogenen Augenbrauen.

Martin hatte alles mitangehört. Auf seinem Gesicht lag ein ungläubiger Ausdruck. „Ich hab den Kindern aus dem Buch *Die Schatzinsel* vorgelesen“, erklärte er dem verdutzten Polizisten. „Anscheinend haben sie die Geschichte etwas zu ernst genommen. Bei Jake und Zoë wundert mich das nicht, aber Laura? Bist du nicht schon ein bisschen zu alt, um auf Schatzsuche zu gehen? Und du, Sara, bist doch sonst auch immer so vernünftig ... Was habt ihr euch bloß dabei gedacht, auf einer Baustelle herumzulaufen?“

Sara errötete und senkte den Blick.

„Ihr habt bestimmt gewusst, dass eine Baustelle kein

Spielplatz ist“, sagte der Polizeibeamte mit ernster Miene. „Ihr hättet euch verletzen können – und dann auch noch die Bombe – ihr könnt wirklich von Glück sagen, dass sie nicht hochgegangen ist, als ihr sie gefunden habt. Die Bombe stammt noch aus dem Zweiten Weltkrieg und nach so vielen Jahren sind solche Sprengkörper unberechenbar.“

Martin schüttelte entsetzt den Kopf.

„Andererseits“, fuhr der Polizist schon etwas weniger streng fort, „war es natürlich ein Riesenglück, dass ihr die Bombe gefunden und uns angerufen habt. Wenn einer der Bagger darauf gestoßen wäre, wäre der Baggerführer jetzt wahrscheinlich nicht mehr am Leben. Das Ding ist ein ganz schöner Brummer – das hätte mindestens einen Teil der Hecke und wer weiß was noch alles dahinter mitgenommen.“

„Dahinter liegt unser Gartenhäuschen“, erklärte Zoë. „Das haben wir uns gerade erst eingerichtet und wir spielen dort immer.“

„Tja, wenn ihr bei der Explosion dort gewesen wärt, wärt ihr garantiert schwer verletzt oder sogar getötet worden“, sagte der Polizeibeamte.

Sie sahen ihn mit großen Augen an. An diese Möglichkeit hatten sie gar nicht gedacht. Martin betrachtete sie nachdenklich. „Ich kann das alles noch gar nicht glauben“, murmelte er.

In diesem Moment sah Sara den Bauarbeiter, der sie so unfreundlich verjagt hatte, zielstrebig auf sie zukommen.

„Ach, da seid ihr ja“, sagte er. „Ich wollte mich bei euch entschuldigen. Ich weiß zwar nicht, was ihr auf der Baustelle gemacht habt, und eigentlich hattet ihr dort nichts zu suchen, aber so wie's aussieht habt ihr mir das Leben gerettet, weil ihr der Polizei von der Bombe erzählt habt." Er lächelte Sara dankbar an.

Sara war so perplex, dass sie erst mal gar nichts sagen konnte. Sie lächelte verlegen. „Ich wollte es Ihnen ja sagen", sagte sie schließlich.

„Ja und ich Idiot hab dich nicht einmal ausreden lassen. Wie gut, dass du bei der Polizei angerufen hast. Meine Kollegen und ich sind euch wirklich sehr dankbar."

„Hör mal, Sara, da ist ein Mann von der Zeitung", sagte Martin. „Der möchte gerne mit dir reden. Ist das in Ordnung oder wird das im Moment alles ein bisschen viel für dich?"

„Was ist mit Robert?", fragte Sara. „Eigentlich hat er die Bombe gefunden – oder besser gesagt, er hat sofort erkannt, was es ist." Plötzlich fiel ihr wieder ein, dass ihr Bruder vielleicht immer noch in Lebensgefahr schwebte.

„Klar, aber mit Robert können sie im Moment schlecht reden", meinte Martin.

Sara nickte widerwillig und der Journalist trat zu ihnen. Laura schaffte es gerade noch, Jake und Zoë zuzuraunen, bloß nichts von dem Geist zu sagen. Verlegen blieben sie bei der Geschichte mit der Schatzsuche. Sara musste die ganze Zeit daran denken, wie Robert schwer atmend in der Notaufnahme des Krankenhauses lag. Bitte, lieber Gott, mach, dass es ihm wieder gut geht, betete sie.

Zwei Stunden später wurde die Absperrung des Geländes wieder aufgehoben. Die Bombe war entschärft und abtransportiert worden. Als sie endlich in ihr Haus zurückkehren durften, waren sie alle todmüde. Martin rief sofort im Krankenhaus an und erkundigte sich nach Roberts Befinden. Sara beobachtete ihn ängstlich. Seiner ernsten Miene nach zu urteilen, gab es keine guten Neuigkeiten. Als Martin den Hörer auflegte, zwang er sich zu einem Lächeln und erklärte, Robert gehe es schon etwas besser. Ruth wollte jedoch trotzdem über Nacht bei Robert im Krankenhaus bleiben. Martin versprach den Kindern, dass sie Robert gleich morgen früh besuchen würden.

In dieser Nacht schliefen sie alle nicht besonders. Jake kam mitten in der Nacht ins Mädchenzimmer geschlurft und kroch zu Zoë ins Bett. Ohne Robert wollte er nicht in seinem Zimmer schlafen. Er hatte geträumt, eines der Modellflugzeuge hätte eine Bombe auf ihn geworfen.

Am nächsten Morgen hörte Sara das Telefon klingeln, als sie sich anzogen. Sie gingen rasch nach unten. Martin war in der Küche.

„Wer hat denn da gerade angerufen?", fragte Sara.

„Ach, das war der Journalist von gestern. Er hat gefragt, ob er heute mit einem Fotografen vorbeikommen und ein paar Fotos von euch machen kann."

„Au ja!", rief Zoë aufgeregt. „Kommen wir dann in die Zeitung?"

Martin nickte.

„Wir werden berühmt!“, jubelte Jake. „Das ist ja noch besser, als einen Schatz zu finden.“

„Und was ist mit Robert?“, fragte Sara. „Du hast doch gesagt, dass wir heute Morgen zu ihm fahren. Außerdem ist es nicht fair, wenn er nicht mit auf dem Foto ist.“

„Das wollte ich euch ja gerade erzählen“, antwortete Martin lächelnd. „Ruth hat heute früh angerufen. Robert geht es bedeutend besser. Stellt euch vor, er wird heute Morgen schon entlassen. Der Besuch hat sich also erledigt und dann kann er auch mit aufs Foto.“

Sara fiel ein Stein vom Herzen und Martin schloss sie alle in die Arme.

Als Ruth mit Robert nach Hause kam, begrüßten sie ihn, als wäre er ein Jahr lang fort gewesen. „Ich hab ja solche Angst um dich gehabt“, sagte Sara zu ihrem Bruder.

„So leicht wirst du mich nicht los“, erwiderte Robert grinsend.

„Ich hab mir auch Sorgen um dich gemacht“, meinte Laura. „Das haben wir alle.“

„Ach was, jetzt geht es mir ja wieder gut“, sagte Robert. „Sie haben mir andere Medikamente und einen anderen Inhalator gegeben. Damit dürfte so was jetzt nicht mehr passieren.“

„Vor allem darfst du den Inhalator nicht irgendwo vergessen“, ermahnte ihn seine Mutter. „Und dann wie ein Wahnsinniger durch die Gegend rennen.“

Martin legte Ruth den Arm um die Schulter. „Wenn du wüsstest, was gestern Abend noch hier los war“, sagte er.

Sie sah ihn fragend an.

„Genau. Erzählt mal, was ist passiert?“, fragte Robert.

„Weißt du was, wir können ja runter zum Gartenhaus gehen und dir alles erzählen“, schlug Sara vor. „Und Martin kann Mum solange in Ruhe aufklären.“

„Dürfen wir?“, fragte Robert.

Ruth nickte. „Aber macht langsam und verschwindet nicht wieder, ohne uns Bescheid zu sagen.“

Sie schlenderten zum Gartenhaus hinunter. Die Obstbäume reckten ihre kahlen Äste in den Himmel. Die letzten Äpfel und bunten Blätter bedeckten den Boden. Die Kinder machten es sich neben dem Heizgerät bequem und berichteten Robert ausführlich, was alles in seiner Abwesenheit geschehen war.

Kurz darauf erschien Ruth zwischen den Apfelbäumen. Sara öffnete ihr die Tür.

„Nach allem, was ich gehört habe, kann ich froh sein, dass ihr noch am Leben seid“, sagte Ruth und legte den Arm um Sara. „Und ich dachte die ganze Zeit, nur Robert wäre in Gefahr gewesen. Ich versteh zwar immer noch nicht, wie ihr überhaupt auf die verrückte Idee gekommen seid, auf der Baustelle nach einem Schatz zu suchen, aber ich bin sehr stolz auf euch, dass ihr sofort die Polizei verständigt habt. Übrigens: Der Journalist und der Fotograf sind gerade gekommen. Sie wollten mit euch zur Baustelle gehen und ein Foto an der Stelle machen, wo ihr die Bombe gefunden habt. Aber ich hab ihnen gesagt, dass sich Robert nicht überanstrengen darf.“

„Sie können das Foto doch hier am Gartenhaus machen", schlug Sara vor. „Der Polizist hat nämlich gesagt, dass das hier bei einer Explosion alles in die Luft geflogen wäre."

„Daran darf ich gar nicht denken", sagte Ruth kopfschüttelnd. „Ja, warum nicht – ich schicke die beiden gleich zu euch runter."

Sie verschwand zwischen den Bäumen und kehrte wenige Minuten später mit Martin und den beiden Männern von der Zeitung zurück. Der Journalist stellte ihnen noch ein paar Fragen und dann bat sie der Fotograf, sich vor dem Gartenhaus aufzustellen. Als es über ihr raschelte, sah Sara verwundert zum Dach des Häuschens hoch.

„Das ist das Eichhörnchen!", rief Jake. „Es will auch fotografiert werden."

Der Fotograf schoss mehrere Bilder von ihnen mitsamt Eichhörnchen, bis das Nagetier genug hatte und sich ins Geäst eines Baumes zurückzog.

„Meinst du, wir sehen Tom je wieder?", fragte Zoë Sara, als die Männer sich verabschiedet hatten und sie wieder unter sich waren.

Sara schüttelte den Kopf. „Ich glaube nicht – jetzt wo er weiß, dass die Bombe weg ist und uns nichts mehr passieren kann, hat er bestimmt endlich seinen Frieden gefunden."

„Ich würde ihn so gern noch einmal sehen", seufzte Jake. „Damit wir uns wenigstens von ihm verabschieden können."

„Wir können ja noch ein bisschen hier bleiben und warten, ob er kommt", schlug Laura vor. „Bis zum Mittagessen haben wir noch ein wenig Zeit."

„Stimmt“, nickte Sara. „Ich würde ihn auch gern noch mal sehen, jetzt, wo er sich keine Sorgen mehr um uns zu machen braucht.“

„Irgendwie ist es eine komische Vorstellung, dass er nicht mehr hier ist“, sagte Robert. „Ich glaube, ich werde ihn vermissen.“

Sie warteten schweigend, doch nichts geschah. Allmählich begriffen sie, dass er wirklich nicht mehr zurückkommen würde.

Schließlich gaben sie es auf und machten sich auf den Rückweg zum Haus. Ehe sie zwischen den Bäumen hindurchgingen, drehte sich Sara noch einmal um, aber der Geist blieb verschwunden.

Nach dem Mittagessen begleiteten Sara, Robert und Ruth Martin und die Kinder vors Haus, um sich von ihnen zu verabschieden.

„Nächstes Wochenende musst du uns unbedingt wieder aus dem Buch vorlesen“, sagte Jake zu Martin, ehe er in den Wagen kletterte. „Dieses Wochenende sind wir gar nicht dazu gekommen.“

Martin lachte. „Aber nur, wenn du mir versprichst, dass du hinterher nicht wieder auf Schatzsuche gehst – schon gar nicht auf einer Baustelle!“

„Versprochen!“, erklärte Jake grinsend.

„Und was ist mit den anderen?“, fragte Martin lächelnd. Alle nickten.

„Tschüss, Sara, tschüss, Robert!“, rief Zoë, ehe Martin die Wagentüren schloss.

Jake presste sein Gesicht gegen die Fensterscheibe und streckte Robert die Zunge heraus. Robert schnitt eine Grimasse und Jake lachte übermütig.

„Bis nächstes Wochenende!“, rief Laura und winkte ihnen zu.

„Ja, bis nächstes Wochenende!“, rief Sara fröhlich und sah dem Wagen nach, bis er um die Ecke bog.

Am nächsten Morgen schlugen Sara und Robert neugierig die Zeitung auf und suchten nach dem Artikel über die Bombe und dem Foto von ihnen. Auf Seite dreiundzwanzig wurden sie schließlich fündig. Das Foto war zwar viel kleiner, als sie erwartet hatten, doch Sara war sich trotzdem sicher, dass Jake sich sehr darüber freuen würde. Auf dem Foto war nämlich auch das Eichhörnchen zu sehen. Stolz betrachtete Sara das Gruppenfoto mit Laura, Robert, Zoë, Jake und ihr selbst. Ihr Blick blieb zwischen Zoës und Jakes lächelnden Gesichtern hängen. Sie blinzelte verwirrt und sah noch einmal hin. Das sah doch aus wie der schwache Umriss eines Kindergesichtes, das glücklich in die Kamera lächelte.

Sara fragte sich gerade, ob sie sich alles nur einbildete, als Robert mit dem Finger auf die gleiche Stelle zeigte und sie viel sagend ansah. Er hatte es auch gesehen. Der Umriss war so schwach, dass man ihn auch für einen harmlosen

Schatten oder einen Lichteffekt halten konnte. Doch Robert und Sara wussten beide, dass es Tom war, der sich auf diese Weise von ihnen verabschiedete.

Lies mich!

RTB Leseprobe

Pete Johnson

DIE AUGEN DES ALIEN

Sam erzählt

Ihren Anfang nahm die Geschichte mit meinem Unfall. Ich stürzte vom Fahrrad und blieb bewusstlos liegen.

Freddie und ich waren nach der Schule durch den Wald von Bray geprescht, als ich – mit Riesenvorsprung – über ein Hindernis fuhr.

Freddie fand mich auf dem Weg. „Schrecklich reglos", wie er später meinte. Er raste sofort weiter, um Hilfe zu holen.

Als Nächstes weiß ich, dass ich versuchte, die Augen zu öffnen. Sie brannten wie Feuer, weil ich jede Menge Staub hineinbekommen hatte. Ich sah alles verschwommen, konnte kaum etwas erkennen. Allerdings hatte ich so ein Gefühl, dass jemand ganz in meiner Nähe sein musste. Dann bemerkte ich nicht weit von mir entfernt einen Unbekannten. Ziemlich schemenhaft. Ich bin jedoch sicher, dass es ein Mann war. Er trug einen schwarzen Anzug und einen großen Hut. Er kam nicht näher, stand einfach nur da und sah mich an. Natürlich fragte ich mich, wer das sein könnte. Für einen Spaziergänger war er sehr ungewöhnlich gekleidet. Er wirkte eher wie ein Geschäftsmann. Plötzlich ein verrückter Gedanke ... War er der Totengräber, der auf seine nächste Kundin wartete? Auf mich? Jedenfalls war mir seine Anwesenheit äußerst unangenehm. Auch die Art, wie er mich musterte. Als wäre ich ein seltenes Tier, das er beobachtete.

Mit großer Erleichterung nahm ich schließlich noch jemanden wahr: Miss West. Meine Lehrerin und meine Tante Margaret in einer Person. Sie war die Erste gewesen, die Freddie über den Weg gelaufen war. Als er ihr von meinem Unfall berichtete, sei sie augenblicklich losgerannt, um mir zu helfen. Schneller als der Wind. Ausgerechnet sie. Wir hatten uns vorher an diesem Tag heftig gestritten.

Meine Tante hatte viele Jahre im Ausland verbracht und ich hatte erst kürzlich von ihr erfahren. Nun plante sie schon wieder umzuziehen und sie wollte, dass ich mitkam. Ich allerdings wollte bei meinen Pflegeeltern (Onkel Tony und Tante Judy) bleiben. Tante Margaret hatte deshalb ein riesen Theater veranstaltet. Ich sehe sie noch vor mir – puterrot vor Wut. Offenbar hatte ich sie mächtig in Rage versetzt. Trotzdem war ich durchaus erleichtert, sie jetzt zu sehen, und fiel glatt wieder in Ohnmacht. Als ich das nächste Mal aufwachte, war ich bereits von einer ganzen Menge Leute umringt. Tante Margaret und Freddie waren auch noch da. (Er meinte später, ich hätte ganz entsetzlich die Augen verdreht und ziemlich merkwürdig ausgesehen – dass er so etwas zu mir sagte, war eher normal.)

Der Fremde allerdings war verschwunden. Als ich Tante Margaret nach ihm fragte, behauptete sie, niemanden gesehen zu haben. Ich wäre allein gewesen, als sie mich gefunden hatte. Aber das war unmöglich. Sie hatte direkt neben ihm gestanden.

Ich erzählte es Freddie. Stundenlang redeten wir über diesen merkwürdigen Widerspruch. Trotzdem hätte ich mich sicher nicht länger damit beschäftigt, wenn mir dieser Mann nicht ein weiteres Mal begegnet wäre ... in beängstigender Weise.

Es war eine Woche später. Noch immer war ich zu Hause, um mich zu erholen. Obwohl ich den ganzen Tag kaum etwas gemacht hatte, fühlte ich mich ziemlich schlapp. Ich legte mich ins Bett, um ein wenig zu schlafen. Kaum hatte ich die Augen geschlossen, sah ich wieder den Ort des Unfalls. Ich lag auf dem Waldweg wie unmittelbar nach meinem Sturz. Und da sah ich ihn wieder. Diesmal etwas deutlicher. Sein Anzug war dunkelgrau, hatte breite Aufschläge und wirkte altmodisch. Den Hut hatte er tief ins Gesicht gezogen. Aber dieses Mal hob er den Kopf und für einen kurzen Moment konnte ich seine Augen sehen. Sie waren groß und undurchdringlich schwarz. Von diesen Augen konnte niemand etwas ablesen. Das Verrückteste war, dass sie keine Pupillen hatten. Er flüsterte meinen Namen: „Samantha." Das war der Schock meines Lebens. Woher wusste er, wie ich hieß? Und noch einmal: „Samantha."

Ich gab keine Antwort, lag wie erstarrt vor Angst. Wieso glaubte ich sofort, es mit einem Feind zu tun zu haben, obwohl er nur ein einziges Wort von sich gegeben hat? Ich war absolut sicher. Es musste etwas mit Intuition zu tun haben. Jedenfalls war mir augenblicklich klar, dass ich nichts mit ihm zu tun haben wollte. Niemals.

„Lassen Sie mich in Ruhe“, schrie ich ihn an.

Einen Moment später wachte ich wieder zu Hause in meinem Bett auf. Vor Erleichterung kamen mir fast die Tränen. Ich träume ausgesprochen selten schlecht und kann mir nach dem Aufwachen sowieso kaum was merken. Aber bei diesem Albtraum (oder war es ein Tagtraum gewesen?) war alles anders. Er ließ mich nicht mehr los. Die Bilder hatten sich in meinem Kopf festgesetzt. Vielleicht musste ich mit jemandem reden, damit der Traum verschwand. Ich rief nach Tante Judy. Sie war allerdings noch nicht vom Einkaufen zurück. Ein Blick auf die Uhr. Halb vier. Bestimmt würde Freddie bald aus der Schule kommen. Wenn er doch bloß schon da wäre. Mit einem Mal empfand ich die friedvolle Ruhe als unerträglich. Nur der Regen peitschte gegen mein Fenster. Es hörte sich an, als würde jemand meinen Namen zischeln: „Sam, Sam, Sam.“

Dann war ein anderes Geräusch zu hören: Ein Klopfen an der Haustür. Augenblicklich saß ich senkrecht im Bett.

„Wer ist da?“, rief ich unsicher. Stille.

Voller Angst schlich ich langsam die Treppe hinunter. Bereits auf halbem Weg kann man die Haustür sehen. Sie hat eine Milchglasscheibe. Durch sie wirkt alles wie in einem Zerrspiegel auf der Kirmes. Trotzdem kann man normalerweise erkennen, wer draußen steht. Auch jetzt stand da jemand. Zögernd ging ich noch ein paar Stufen hinunter. Das Gesicht des Besuchers war dicht hinter der Scheibe, aber genau erkennen konnte ich es nicht. Und dann sah ich sie wieder … riesige, schwarze Augen … die mich anstarrten. Ich schrie.

Freddie erzählt

Am Anfang fand ich es einfach nur komisch. Sollte ja auch nur ein Scherz sein. Wir hatten in Miss Wests Unterricht über Reisen ins Weltall und über Außerirdische geredet – ihre erste interessante Stunde. Da sie wusste, dass ich mich bei diesem Thema ziemlich gut auskenne, bat sie mich, in den nächsten Tagen mal den Außerirdischen zu spielen, damit mich die Klasse in dieser Rolle interviewen konnte.

Nur aus diesem Grund hatte ich mir auf dem Weg nach Hause diese billige Maske besorgt. Jeder kennt die Dinger: Sie haben etwa die Form einer Glühbirne, riesige Glotzaugen, der Mund ist nur ein schmaler Schlitz, die Hautfarbe aschgrau. Mein Exemplar verfügte auch noch über einen silbernen Metallbolzen am Hals. Sollte wohl so eine Art außerirdisches Frankensteinmonster darstellen. Aber sonst war nichts Besonderes dran. Ich persönlich hätte mir ja mindestens noch ein paar Warzen gewünscht. Eigentlich war sie viel zu brav, um jemanden erschrecken zu können – jedenfalls bei Tageslicht.

Ich hatte also diese Maske auf, als ich Tante Judy vor unserer Haustür traf. Sie kramte in ihren Taschen und konnte den Hausschlüssel nicht finden. Ich donnerte gegen die Tür, linste harmlos durch die Scheibe in unserer Tür, um zu sehen, wo Sam steckte. Plötzlich kreischte sie das ganze Haus zusammen.

O.k., ich übertreibe ein wenig. Es war nur ein einziger Schrei, aber höllisch laut. War ihr hinterher furchtbar peinlich.

Tante Judy versuchte Sams Reaktion herunterzuspielen: „Jeder würde sich erschrecken, wenn er so eine Maske durch diese Scheibe sieht." Aber Sam kam sich dadurch nur noch alberner vor. Das konnte ich sehen.

„An der Maske lag es gar nicht", meinte Sam. „Ich hab nur vor ein paar Minuten im Traum den Mann wieder gesehen. Den vom Unfall. Und der hatte schließlich auch solche riesigen, schwarzen Augen ohne Pupillen."

„Die Augen eines Außerirdischen", sagte ich.

„Er hat mich so bedrohlich angestarrt; und meinen Namen wusste er auch. Dann bin ich aufgewacht und runtergegangen und wieder glotzen mich solche Augen an ..."

„Ein dummer Zufall", sagte Tante Judy. „Dass du diesen schrecklichen Traum auch ausgerechnet dann haben musst, wenn du allein bist. Wenn man allein ist, braucht man immer viel länger, in die Wirklichkeit zurückzufinden."

Sam nickte. Der Traum spukte ihr noch immer durch den Kopf. Das war klar.

Bald darauf kam Miss West. Seit dem Unfall stattete sie Sam jeden Tag einen Besuch ab. Und auch heute würde sie wieder eine Tasse Tee mit uns trinken und einen Vollkornkeks essen. Ganz allmählich fand ich das ziemlich daneben.

„Wie wär's, Miss West", fragte ich, „wenn Sie mal über

die Stränge schlagen würden und sich heute ein Cremetörtchen gönnen?"

Miss West schenkte mir ein Lächeln, das sie jederzeit anschalten konnte, und griff nach einem Vollkornkeks.

Ganz nebenbei: Sie hält mich für einen ziemlichen Trottel. Im Gegenzug bin auch ich nicht unbedingt ein Fan von ihr. Ich behaupte nicht, dass sie eine schlechte Lehrerin ist. Ganz ohne Zweifel verfügt sie über ein beachtliches Wissen und sie liebt es auch, dieses Wissen in ihrem typischen Singsang weiterzuverbreiten. Aber sie ist immer so tödlich ernst. Es ist unmöglich mit ihr zu lachen und streng ist sie auch. Wenn man einmal was Verkehrtes macht, bestraft sie einen mit einem unglaublich fiesen Blick. Keiner kann sie ausstehen.

Sam erzählte auch Miss West von ihrem Albtraum. Tante Judy fand das in diesem Moment gar nicht gut. Sie schien zu fürchten, dass sich Sam erneut in etwas hineinsteigern würde. Miss West zeigte sich erstaunlich interessiert. Erst als Sam meinte, dieser Mann wäre böse und würde ihr Angst einjagen, schien ihr Interesse abzuflauen. Sie stieß einen Laut aus, mit dem sie ausdrücken wollte, dass sie Sams Ansicht nicht teilte.

Das fand ich ziemlich frech. Deshalb mischte ich mich ein: „Vielleicht sollten Sie wissen, Miss West, dass der Mann in Sams Traum genauso aussah, wie der Mann, den sie nach ihrem Unfall gesehen hat. Sie wissen schon: Der, an den Sie sich nicht erinnern können, obwohl er direkt neben Ihnen gestanden hat."

„Ich erinnere mich deshalb an niemanden, Freddie", erwiderte sie in ihrer betulich besserwisserischen Art, „weil es einen Mann dieser Beschreibung niemals gegeben hat." Tante Judy blickte mich warnend an: Sie duldete keine Unhöflichkeit. Ich verdrückte mich nach oben in mein Zimmer.

Sam tat mir Leid. War es nicht schlimm genug, Miss West als Lehrerin zu haben? Wenn sie auch noch meine Tante wäre, würde ich glatt durchdrehen. Am schlimmsten fand ich, dass sie Sams einzige Verwandte war. Ihre Eltern waren kurz nach ihrer Geburt bei einem Autounfall ums Leben gekommen. Sie hat keine Erinnerung an sie. Nur ein Foto auf dem Nachttisch. Die beiden sehen ziemlich nett aus. Ganz im Gegensatz zu Miss West.

Noch im Januar, als Sam von Tante Judy und Onkel Tony aufgenommen wurde, hatte sie nichts von Miss Wests Existenz gewusst. Und plötzlich, vor sechs Monaten, tauchte auch Miss West aus der Versenkung auf. Das nennt man schlechtes Timing ...